| 博士生导师学术文库 |

A Library of Academics by
PHD Supervisors

面向服务大规模定制的供应链运作

姚建明 著

光明日报出版社

图书在版编目（CIP）数据

面向服务大规模定制的供应链运作 / 姚建明著 .--北京：光明日报出版社，2019.5
（博士生导师学术文库）
ISBN 978-7-5194-5357-2

Ⅰ.①面… Ⅱ.①姚… Ⅲ.①供应链管理—研究 Ⅳ.① F252

中国版本图书馆 CIP 数据核字（2019）第 093539 号

面向服务大规模定制的供应链运作
MIANXIANG FUWU DA GUIMO DINGZHI DE GONGYINGLIAN YUNZUO

著　　者：姚建明	
责任编辑：杨　茹	责任校对：赵鸣鸣
封面设计：一站出版网	责任印制：曹　净

出版发行：光明日报出版社
地　　址：北京市西城区永安路 106 号，100050
电　　话：010-63169890（咨询），010-63131930（邮购）
传　　真：010-67078227，67078255
网　　址：http://book.gmw.cn
E - mail：yangru@gmw.cn
法律顾问：北京德恒律师事务所龚柳方律师

印　　刷：三河市华东印刷有限公司
装　　订：三河市华东印刷有限公司
本书如有破损、缺页、装订错误，请与本社联系调换，电话：010-67019571

开　　本：170mm×240mm	
字　　数：190 千字	印　　张：12
版　　次：2019 年 5 月第 1 版	印　　次：2019 年 7 月第 1 次印刷
书　　号：ISBN 978-7-5194-5357-2	
定　　价：78.00 元	

版权所有　　翻印必究

序

现代企业所处的外部环境已发生巨大改变，信息技术、互联网技术和电子商务的蓬勃发展，使得提供标准化的产品和服务已难以适应市场竞争的需要，满足客户的个性化、定制化需求成为企业新的竞争力所在。越来越多的企业开始实行"供给侧改革"——从传统的大量生产模式（Mass Production，MP）向大规模定制模式（Mass Customization，MC）转型。MC 并不是一个新的概念，早在 20 世纪 90 年代就有丰田、戴尔、摩托罗拉、李维斯等一批外国企业向客户提供定制化的产品。国内企业如海尔也在数年前开始了互联工厂的探索，以用户需求为中心，让用户与供应商参与到产品从设计、生产到交付的全流程当中。特别是在"中国制造 2025"战略提出之后，大批国内企业加紧了以有效满足消费者个性化需求为目标的智能化、数字化、网络化的转型升级。

一直以来，MC 的研究与实践多集中于制造业的产品大规模定制问题，如生产流程的重组与变革技术、定制产品供应链的运作优化策略、影响大规模定制能力的因素探讨等。随着制造业价值链中服务要素所占比重不断加大，服务带来的差异化优势显著增强，越来越多的制造企业开始从单纯提供实体产品，转变到提供产品和服务，再转变到提供综合性的服务解决方案。服务化成为制造业发展的重要方向，制造业与服务业之间的界限越来越模糊。与此同时，服务业在国民经济中的比重持续增长，公开资料显示，2017 年，我国服务业占 GDP 的比重为 51.6%，超过第二产业 11.1 百分点，成为我国第一大产业。但是，相较于发达国家大多 70% 的占比而言，我国服务业发展的空间仍然巨大。我们看到，很多传统服务业正在加速向以技术为载体、以知识密集型为特征的现代服务业转型，新的服务业产业类型、新兴服务模式与服务产品也在不断涌现。制造业的服务化趋势和服务业的转型升级，使服务大规模定制（Service Mass Customization，SMC）作为服务创新的重要形式，已引起越来越多管理者与研究者的关注。

不论生产型产品的 MC 还是 SMC，其核心问题在于如何解决"规模效应"同"客户个性化需求"之间的矛盾。对于有形产品的 MC，缓解该矛盾的主要方法是延迟策略（Postponement），即通过调节客户订单分离点（Customer Order Decoupling Point，CODP）在生产过程中的位置，对生产标准化和个性化的阶段数量进行协调，进而实现供—需双方的利益平衡。延迟策略的实施依赖于核心企业建立柔性的供应链运作体系。然而，服务不同于有形产品的一些特征，使 SMC 模式下的供应链运作面临着一些新的问题和挑战。

首先，服务产品的定制往往涉及的阶段较多。一个服务过程的完成，可能包括若干交互服务阶段、交互前准备阶段以及交互后处理阶段，而交互服务阶段往往是较难体现出规模效应的。但与之相比，在交互前准备阶段及交互后处理阶段都相对较容易体现出规模效应。比如，在提供餐饮服务的连锁饭店，交互前准备阶段中的采购、配菜、加工等都可以通过连锁中心统一实施，以提升规模效应；而交互服务阶段则需要服务员有针对性地对客人进行服务；交互后处理阶段中的卫生处理、厨余物资回收等又可以实现统一处理，提升规模效应。这种多服务阶段以及差别规模经济效应给服务企业的供应链成本优化带来了难题。

其次，服务产品的定制面临很多不确定因素。因为服务不具备实物的形态，所以服务在被购买之前通常无法被客户感知，也无法被提前存储。尽管服务企业可以像生产企业那样，在服务传递流程的各个环节设置如同产品零部件库存一般的服务能力缓存，以此来应对服务需求与服务供给的不平衡，但是由于服务能力的闲置损失无法逆转，服务供应商同时参与多条服务供应链的运作来降低这种损失，使得服务企业制定供应链资源的调度决策面临很多不确定性、随机性与模糊性因素。

再次，服务产品的定制对供应链资源的整合提出了新的要求。由于服务的不可分离的特性,即服务的生产与消费是同时发生的,在开发新的服务内容或服务区域时,往往需要整合新的服务资源。对新资源的整合不仅能够扩展企业的服务功能,还能通过服务外包使企业从供应商的规模经济中获益。例如,对物流公司而言,开发与整合新的物流资源是运营常态。顾客经常性地会有超出目前资源可及范围的个性化物流需求,物流公司必须及时寻找新的资源,对顾客需求进行功能性拆分和二次外包。即便是地方性的物流公司,通过资源整合与调度,也能运作全国性甚至全球性的业务。此外,由于服务业普遍存在进入壁垒低、专利权难以保障、行业集中度低等问题,一些行业领先的服务企业选择以平台化、生态化作为战略转型的方向,试图搭建大规模的资源整合平台来提高定制化服务能力,同时实现规模经济与范围经济的提升。可见,相较于制造业企业,SMC 模式下的服务企业需要整合的供应链资源种类、资源数量与资源范围更加庞大和复杂,其服务供应链网络也呈现出更为动态的、分散的、松散耦合的结构。

文献分析表明,现有的 SMC 研究多是将"服务"理解为产品制造供应链中与服务相关联的环节和活动,将服务作为与产品紧密相关的要素,而并不特地对服务的独特属性以及由此带来的一系列运作管理上的不同点展开讨论,本质上仍是基于制造业的产品型 MC 研究。少量的以服务产品为对象的研究又基本是将已有的产品型 MC 研究中提出的一些生产技术方法沿用进来,缺乏新的研究视角与研究思路。因此,SMC 在理论研究上还有待发展。

基于此,本研究在前期围绕"大规模定制模式下的供应链运作"的相关研究,将研究重点进一步聚焦到对服务产品的大规模定制问题上,研究如何优化企业的服务供应链运作来提升其 SMC 能力。具体来说,SMC 模式下的供应链运作研究包括两个主要问题:一是供应链资源的调度问题,即通过对不同阶段定制任务的合理分配和灵活调度,在满足客户定制化需求条件下实现服务成本的优化;二是供应链资源的整合问题,就是将能被用于提升企业的服务定制化水平的、关键的、有价值的资源整合到供应链网络当中,并且这种整合是动态的,对于不能满足上述要求的供应链资源要逐步淘汰。这两个问题相辅相成、紧密相关。企业所整合的供应链资源的质量,决定了其后续为满足客户定制订单而实行的供应链资源调度的效率和效果,而企业供应链调度决策的合理性也会反过来影响企业与供应链资源之间的整合意愿和整合成效。因此，本书将基于 SMC 的特点，对上述两个问题展开深入分析。

本书内容分为四篇。第一篇是绪论，论述了研究的背景与意义、国内外研究现状、研究目的与内容、研究思路、研究方法与框架等内容，这部分是全书的基础。第二篇论述了 SMC 模式下的供应链调度问题，包括四章，分别是 SMC 模式下供应链高度特征分析、SMC 模式下供应链调度基础模型与算法、服务能力不确定下的调度优化模型与算法以及服务需求不确定下的调度优化模型与算法。第三篇论述了 SMC 模式下的供应链整合问题，包括四章，分别是供应链资源整合价值评价与分级管理方法、供应链资源的获取路径、SMC 模式下供应链资源优选决策以及服务供需能力均衡下的供应链资源整合决策。第四篇是应用篇，对具有定制化需求特点的一些具体的服务供应链运作问题进行了探讨，包括三章，分别是面向新零售的供应链资源整合优化、特色小镇模式下的供应链资源整合问题以及考虑非经济性目录的供应链资源优选决策。本书最后进行了工作总结、创新性分析与研究展望。

在本书的创作过程中，中国人民大学商学院博士、硕士研究生刘畅、李民、吴阳、锁立赛、王墨竹等同学进行了相关的研究工作，博士生刘畅同学对全书进行了统稿。对上述同学的工作，在此表示感谢。

本书的研究及出版得到了国家自然科学基金面上项目（71472183）的大力支持，在此表示感谢。

本书的出版得到光明日报出版社的大力支持，在此表示感谢。

作为对服务大规模定制模式下供应链运作相关理论与方法的探索，本书必然存在疏漏与不足之处，敬请各位读者批评指正。

姚建明

中国人民大学商学院

中国人民大学中国企业创新发展研究中心

2018 年 12 月

目录
CONTENTS

第一部分　基础篇

一、绪论　　　　　　　　　　　　　　　　　　　　　　// 002

第二部分　SMC模式下的供应链调度问题

二、SMC模式下供应链调度特征分析　　　　　　　　　　// 016

三、SMC模式下供应链调度基础模型与算法　　　　　　　// 024

四、服务能力不确定下的调度优化模型与算法　　　　　　// 034

五、服务需求不确定下的调度优化模型与算法　　　　　　// 049

第三部分　SMC模式下的供应链整合问题

六、供应链资源整合价值评价与分级管理方法　　　　　　// 074

七、供应链资源的获取路径　　　　　　　　　　　　　　// 080

八、SMC模式下供应链资源优选决策　　　　　　　　　　// 089

九、服务供需能力均衡下的供应链资源整合决策　　　　　// 102

第四部分　应用篇

十、面向新零售的供应链资源整合优化　　// 122

十一、特色小镇模式下的供应链资源整合问题　　// 133

十二、考虑非经济性目标的供应链资源优选决策　　// 145

第五部分　总结篇

十三、总结与展望　　// 160

参考文献　　// 165

第一部分

基础篇

一、绪论

（一）研究背景与意义

大规模定制（Mass Customization，MC）是指企业以"规模经济"的效益满足客户"个性化产品或服务需求"的生产模式（Pine，1993；Fogliatto 等，2001）。MC 所涉及的内容既包括生产型产品的大规模定制，又包括服务型产品的大规模定制，即服务大规模定制（Service Mass Customization，SMC）（姚建明，2015）。但一直以来，有关 MC 的研究多数是针对生产型产品的定制展开讨论的。随着社会发展，服务业在国民经济中的比重逐步增加，服务企业越来越多、竞争逐渐加剧。对服务企业而言，除了通过提升客户对服务产品个性化的感知价值来获取竞争优势外，如何提高服务活动的规模效应、降低服务成本，无疑是获取竞争优势的重要方面（李靖华，2009；Moon 等，2011）。

另一方面，随着社会的发展和人们消费观念的变革以及新兴信息技术的出现，很多新的服务领域应运而生（如网购、快递、社区服务等）。其中，很多服务行业门槛低，吸引企业众多。这些企业在有效解决社会就业、促进创新等方面发挥着重要的作用，但也突出存在着由于管理效率低下导致的社会资源浪费现象。

不论生产型产品的 MC 还是 SMC，其实施的关键都在于如何解决"规模效应"同"客户个性化需求"之间的矛盾（Pine，1993）。缓解这一矛盾可以从技术手段和管理手段两个方面着手展开。技术手段体现在企业内部生产流程的优化与生产工艺的革新，如精益与敏捷制造技术（Brown 和 Bessant，2003；Wang，2009），人工智能技术（Mittal 和 Frayman，1989），产品设计协同技术（Frutos 等，2004），模块化与延迟制造技术（Mikkola 和 Gassmann，

2003；Su 等，2005；周晓东等，2003；杨水利等，2010；王玉，2011），信息技术（Dietrich 等，2007）等。管理手段则主要体现在企业对从收到客户的定制化需求到将产品或服务交付到客户手中的全流程的管理，也就是对供应链的管理上，如供应链整合（Yao 和 Liu，2009），供应链协调（Potteret 等，2004），供应链调度（Mikkola 和 Skjøtt-Larsen，2004），供应链库存管理（Wikner 等，2007）等。现代企业广泛镶嵌在供应网络之中，单个企业的行为和绩效深受网络的影响（Gulati 等，2000）。因此，企业想要提高 MC 能力，不仅要建立柔性的生产运营系统，还必须依赖灵活的供应链运作。

与生产型 MC 有一定差异的是，服务产品的定制往往涉及的阶段较多，且服务传递流程中存在着大量的交互活动，不仅有服务企业与客户的交互、服务企业与供应商的交互，甚至还存在供应商与客户之间的直接交互，如电商企业的物流服务商会与购买商品的客户产生联系。在这种频繁而广泛的交互活动中存在着诸多不确定因素，使服务规模效应的实现更加困难。但是，在服务的交互前和交互后阶段，企业可以在进行服务任务分配时，充分、合理、有效地利用企业内外部的供应链资源来实现服务的规模效应。因此，SMC 具有多阶段、差别规模效应的特征。此外，服务产品的无形性、不可存储性、生产与消费的不可分离性、异质性等特征，也使 SMC 模式下的供应链运作面临了更多复杂和不确定的因素。

通过对相关文献的梳理发现，现有的 SMC 研究不仅在数量上比较缺乏，而且这些研究多是生产型 MC 模式下的管理方法与技术手段在某些服务行业的应用，如研究服务的模块化方法（Moon 等，2011）；或是将延迟策略应用到物流服务供应链的调度决策中（Liu 等，2015），没有突出服务运营的特征，缺乏对 SMC 引发的新问题的解决思路与方法。因此，基于 SMC 的特征分析来展开供应链运作相关问题的研究，对于提高服务企业及其供应链运营效率、增强竞争力、节约社会资源、促进社会经济转型等各个方面，都具有重要的理论价值和现实意义。

（二）国内外研究现状

从 MC 的概念提出至今的 20 多年中（Pine，1993），多数研究是围绕生产型产品的定制过程（制造业定制）展开讨论的。其中，主要的几个研究角度除了集中在 MC 的基本理论与战略发展（Rungtusanatham 和 Salvador，2008；Kumar 等，2006；汪旭晖，2007）、MC 的实施技术与优化方法（侯亮等，2006；邵晓峰、季建华，2009；廖世龙等，2012）、面向 MC 的产品开发设计与制造（梁樑等，2003；Wang，2013）、与 MC 有关的客户服务、市场响应与产业发展对策（Dellaert 和 Dabholkar，2009）以及新兴的云计算环境下的 MC 运作（郭昱、吴清烈，2011）等以外，如何实现 MC 模式下的供应链运作（Lai 等，2012；Mikkola 和 Skjøtt-Larsen，2004；赵黎明、郑江波，2003；Salvador 等，2004；Aigbedo，2007，2009；黎继子、刘春玲，2007）也是一个重要的方面。

这是因为对于生产型产品 MC 的实现，"延迟策略"（Postponement）是各类研究中的焦点（Jiao 等，2003；Shao 和 Ji，2008；张敏等，2011），奠定了 MC 优化的基本思路：在生产中最大程度地利用通用零部件和工艺过程，减少定制引起的种类变化，提升规模效应。优化的途径在于产品研发技术及生产技术水平的提高，实施的关键则在于如何提高 MC 的运作柔性（祁国宁等，2003；罗建强等，2007）。当企业自身资源与能力难以满足"延迟策略"对柔性的"特殊要求"时，如何通过供应链体系的柔性运作来实施"延迟策略"成为 MC 发展的必然选择。因此，众多关于延迟策略的研究均是建立在供应链环境下的（王海军等，2005），合理的供应链运作对于 MC 的有效实施必不可少。

但是，与非 MC 环境不同，MC 模式下的供应链运作表现出了新的特征。Kumar 等（2006）的研究指出：MC 的竞争前景必须从战略的全局角度考虑客户市场的动态性问题，而供应链资源的全局优化与配置是实现全局战略的先行条件；Ghiassi 和 Spera（2003）的研究则提出一个典型的、面向 MC 的供应链运作体系必须拥有的范式特征，与以往研究较多的推动式静态供应链相比，最突出的区别在于它是一个动态的、必须用非线性网络规划模型描述的系统等。可以说，供应链网络的存在为企业灵活获取外部资源提供了便利（姚建明，2013），而如何更好地利用资源则需要靠供应链调度来实现（但斌等，2007）。

在运营领域，调度是用于调配资源与能力、合理安排生产任务的过程。供应链调度是供应链管理中需要解决的关键问题，是优化供应链资源配置、以最低成本和最大客户满意赢得竞争优势的途径（但斌等，2007）。因此，没有合理的供应链调度，就无法发挥"延迟策略"在解决 MC"规模效应"与"个性化需求"之间基本矛盾时的重要作用（姚建明，2009）。

当前，在供应链调度研究方面已有了大量的研究成果：如研究供应链调度中的多目标优化问题（Yao，2013；Cakici 等，2012；苏生等，2013；Selvarajah 和 Zhang，2014）、协调与协同调度问题（陈伟达、李剑，2005；李昆鹏、马士华，2007；Yeung 等，2011；Bhatnagar 等，2011；Ivanov 和 Sokolov，2013）、不确定环境下的柔性调度和自适应调度问题（Chen 和 Hall，2007；蔡政英等，2008；王建华等，2011；Elimam 和 Dodin，2013）、特殊约束条件下的调度问题（常桂娟、张纪会，2007；Manoj 等，2008；Hall 和 Liu，2010）、多对象分布式调度问题（Dawande 等，2006；杨树等，2008；蒋大奎、李波，2012；Thomas 等，2013；Bilgen 和 Çelebi，2013）、调度优化方法与求解算法（Naso 等，2007；Demirli 和 Yimer，2008；Selvarajah 和 Steiner，2009；Averbakh 和 Baysan，2013；Chang 等，2013；Tang 等，2013；马飞等，2009）、基于成员目标导向的调度问题（姚建明，2014；Hung 等，2006），以及针对特殊服务任务的调度问题（Lee 等，2006），等等。其中，围绕 MC 模式的供应链调度问题也是一个重要的研究方面（姚建明，2009；Yao，2011、2013；姚建明、周国华，2003；Yao 和 Liu，2009；孙靖、林杰，2007；姚建明等，2007；李锡良、李修身，2007；张鹏等，2010）。虽然供应链调度对实施 MC 具有重要价值，但研究该问题仍是困难与复杂的，这决定于 MC 独有的客户随机性需求和供应链成员的随机性资源与能力变动特征（姚建明、周国华，2003；Yao 和 Liu，2009）。因此，虽然目前针对 MC 模式下供应链调度的研究逐渐增多，但大多是建立在成员信息的可获得性及准确性等假设基础上的。

近年来，随着服务科学的发展，人们在持续关注 MC 研究的同时，对服务领域定制问题的探讨已逐步成为重要方面（姚建明，2015a、2015b；李靖华，2009；Moon 等，2011；Jiao 等，2003；Meyer 和 DeTore，2001；韩顺平，2006；马士华等，2011；Aggarwal 等，2013）。通过对 SMC 的相关文献考察，其中一个重要的研究方面是将产品 MC 的相关理论与方法运用于服务产品的开发与设计（Moon 等，2011；Jiao 等，2003；Meyer 和 DeTore，2001；马士华等，2011；Aggarwal 等，2013；Liou 等，2010）。如 Moon 等（2011）探讨了 MC 模式下服务产品族的设计问题,将基于模块化(Module-based)的设计思想引入服务定制过程;Aggarwal等(2013)则以航空服务业为例,运用联盟博弈理论,对航空服务定制产品的设计进行了研究;Liou等(2010)运用基于支配矩阵的粗糙集方法(Dominance-based Rough Set Approach,DRSA)对航空定制服务中的客户服务质量进行了研究等。可以看到,服务产品开发与设计更多的是站在消费者感知价值的角度来对服务定制企业的战略(金立印等,2009)、营销与创新(魏江等,2009)进行分析的,并没有从服务产品提供的供应链系统角度对SMC中的核心问题进行研究。与分析MC类似,如果站在定制服务提供方的角度考虑问题,必然需要研究定制服务任务在运营系统中的调度问题。而目前,针对SMC模式下供应链调度优化问题的分析及解决思路,涉及的文献还比较少。其中一个重要原因是服务产品的定制涉及的阶段往往较多,规模效应的表现也较为复杂(董明、苏立悦,2011;姚建明,2015a,2015b)。SMC中规模效应的多阶段、差别化的复杂特征,会对SMC模式下的供应链调度过程产生直接的影响,从而制约SMC模式的有效实施。

SMC模式下的供应链运作的另一个不能忽视的重要问题是供应链资源的整合问题。供应链整合不仅能够提高SMC的规模效应,还可以提高定制化服务水平。一方面,服务供应链上下游供应商之间的衔接决定了服务的质量与效率。由于服务是无形的,不能存储,服务供应链无法像产品供应链通过缓冲库存来调节供应链各节点上需求与供给的不平衡,只能依靠服务供应商之间的紧密合作,否则必然造成服务能力的短缺或闲置,前者会降低客户体验或造成客户流失,而后者的损失则无法逆转。特别是在SMC环境下,服务供应链通常是在收到客户定制化需求之后,根据需求特征和可用供应商的空余服务能力情况实时、动态地组合而成(Hoogeweegen等,1999;Yao和Deng,2015,2016),存在很多不确定的扰动因素,供应商之间如果缺乏整合,必然会使不确定因素造成的服务质量降低问题更为严重。

另一方面,供应链整合对服务创新、服务质量的影响也在很多研究中得到验证(简兆权等,2013)。研究发现,竞争的加剧促使供应商不再仅仅负责传递服务的某个或某些环节,而是对整个服务系统发挥重要的决定作用。因此,供应商也由单纯的产品或服务供应者变成了创新战略的共同实施者,进而为企业的定制化服务创新提供更多的资源。一些研究从客户感知价值角度出发，研究了客户整合对定制化服务产品设计、服务运营的影响。Franke 等（2010）提出要让客户有"这是由我设计的"这种感觉，这种感觉能够增加客户价值，使客户愿意花费更多的钱来购买"由自己设计"的定制化产品。Roels（2014）则对客户与服务提供商合作生产服务（Coproductive Services）的服务体系设计问题进行了研究。White 和 Badinelli（2012）提出了一个数学模型用于服务资源的整合决策优化，其中服务质量和服务效率被设为关于客户参与程度的方程。

一些研究也从侧面反映了供应链整合对企业 MC 能力的重要性。如组织内部学习以及组织外部（供应商和客户）学习（Huang 等，2008），供应链协同计划（Liu 和 Deitz，2011），供应商合作设计信息系统（Peng 等，2011），供应商整合、内部整合与客户整合（Droge 等，2012）等对 MC 能力有正向的影响作用。

通过上述研究分析可以看到：（1）MC 模式下的供应链运作是 MC 研究中的重要方面，其中供应链整合优化与供应链调度优化是有效实施 MC 模式的关键问题；（2）有关 SMC 的研究已逐步受到关注与重视，但 SMC 模式下的供应链运作问题在优化目标、优化手段与优化过程上都具有新的特征，需要通过新的思路进行分析，且相关研究正在起步；（3）MC 及非 MC 环境下的供应链运作问题中关于规模效应、动态调度、多目标优化等问题的研究思路与方法对 SMC 相关研究具有重要的参考和借鉴价值。因此，本项目将在上述研究的基础上，对 SMC 模式下供应链运作优化问题进行深入分析，以寻求在 SMC 研究的理论上有所拓展，并通过优化求解算法将研究成果向实践运用转化。

（三）研究目的与内容

虽然服务型产品的定制与生产型产品的定制在某些管理方法上具有相通性，但与生产型 MC 相比，SMC 模式下的供应链运作优化问题具有如下几个方面的特殊性。

1. 优化目标的特殊性

在供应链调度问题方面，在生产型定制中，基于延迟策略的 CODP 调节技术是进行客户订单分类（姚建明，2009）和调度优化的基础。比如，要在 CODP 之前各阶段实现规模效应，供应链调度时更应看重任务处理的低成本和同期批量；而要在 CODP 之后各阶段满足个性化需求，调度时更应看重定制任务处理的差异性和客户需求的快速响应。而在 SMC 中，由于服务定制任务的完成可能涉及多个交互服务阶段，而该阶段是提升客户体验价值的关键阶段（姚建明，2015）。因此，在该阶段对服务任务的供应链调度时更应看中服务的时间窗满意度以及服务质量；而在交互前准备阶段和交互后处理阶段，由于不与客户发生直接接触，调度时更应看中服务成本的降低以及前后阶段之间的灵活衔接问题。在供应链整合问题方面，在生产型定制中的供应链整合主要是对被操作性资源（operand resources）的整合，如生产用设施设备、信息系统等有形的静态的，需要通过采取一定的行动使其变成有价值的资源（Vargo 和 Lusch，2008），这里面一般涉及较大金额的专用性资产投资，能满足要求的供应链资源范围较窄，且一旦整合，双方合作持续的时间很长，供应链结构较为稳定。因此，生产型 MC 下的供应链整合优化目标更多的是成本、技术、生产能力等方面。但是在 SMC 模式下的供应链整合主要是对操作性资源（operant resources）的整合，如知识资源、技术资源、客户资源等具有能动性的资源（Vargo 和 Lusch，2008）。并且服务业的门槛一般较低，供应商质量参差不齐，行业集中度不高。更为重要的是，服务企业所处环境和客户需求的变化更快，企业整合的供应链资源必须适应这种变化。因此，SMC 模式下的供应链整合优化目标多是从供应链资源的柔性、敏捷性、灵活性、服务能力与服务需求均衡角度来考虑。

2. 优化手段的特殊性

由于定制服务过程的精确性较差（Liou 等，2010），且服务规模效应难以量化，因此需要运用模糊、粗糙等不确定性手段进行分析。在服务过程中，不同阶段活动的差异性较大，完全精确计算和表征规模效应较为困难。在 SMC 模式下的供应链调度中，可以从两个维度衡量不同服务活动的规模效应，一是服务阶段活动内容的相似度；二是服务阶段起讫时间的相似度。尽管服务阶段活动的起讫时间差异性较容易衡量，但服务阶段活动内容的相似程度却较难衡量，这是因为与生产型产品的处理过程相比，其标准化更难实现，而不同供应链成员在处理相同阶段服务活动时差别仍然较大。因此，必须运用模糊理论和方法研究对调度中规模效应的模糊性进行识别。

上述三方面的特点概括了 SMC 模式下供应链运作问题的特殊性，引出了本书的主要研究内容：（1）SMC 模式下的供应链调度优化问题，包括完全信息下的确定性调度优化模型与算法，以及考虑了非完全信息下的基于服务能力模糊性、规模效应模糊性的模糊调度优化问题；（2）SMC 模式下的供应链整合优化问题，从供应链整合的过程角度，将该问题分解为资源的评价问题、资源的分级管理问题、资源的获取路径问题、资源的优选问题等子研究问题；（3）具有行业特色的 SMC 模式下的供应链运作优化问题，由于不同服务行业的需求特征、运作模式、资源特性等存在较大差异，因而 SMC 模式下的供应链运作问题要放在不同服务行业背景下，根据具体的决策问题展开具体分析。

为了能够将本书所提思路与方法用于企业管理实践，本书将在上述研究所提出的运作优化机理引导下，构建和设计相应的 SMC 模式下供应链整合决策优化模型以及供应链计划调度优化模型。同时，为了对优化问题进行有效的求解，本书引入了多种数学规划方法，包括综合评价方法，模糊规划方法，智能优化算法如遗传算法、蚁群算法等。另外，本书对所提出的一些管理方法与工具，都有详实的逻辑推理与管理理论阐述。为了方便理论与方法的应用，本书还将通过若干典型算例分析及仿真模拟对决策优化理论与方法的可行性与有效性进行验证。

（四）研究方法与框架

本书的总体研究路线图如图 1-1 所示。

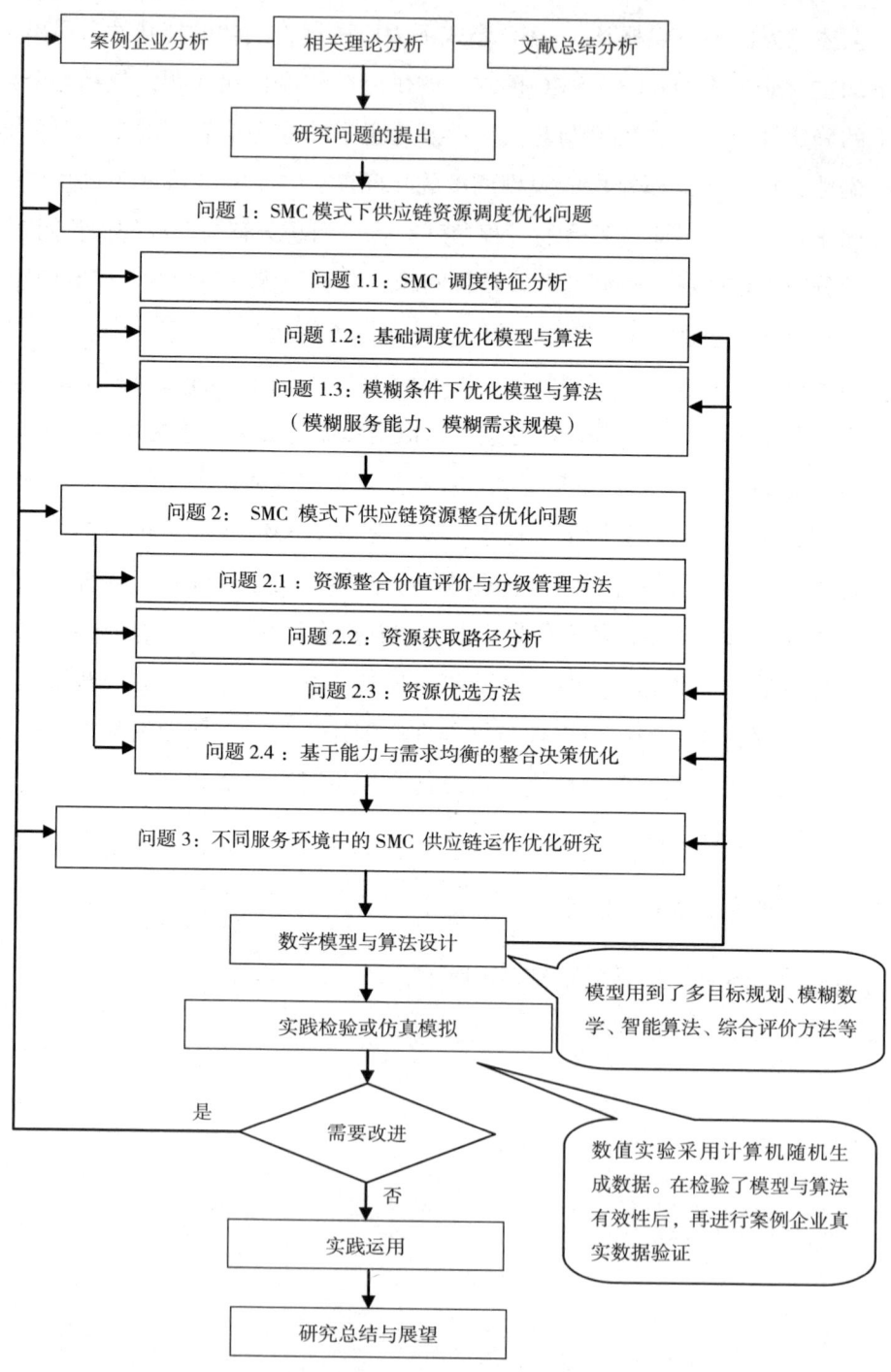

图 1-1 研究路线

对SMC模式下的供应链调度问题展开研究，对服务成本的优化无疑是一个重要目标，这与SMC的本质相符。SMC的一个显著的特征是多阶段、差别化的规模效应。因此，多阶段、差别化的规模效应同服务成本优化之间的关系是一个重要的研究方面。对于这一问题，需要通过企业调研进行研究。实际上，服务活动的三类属性（服务质量属性、作业流程属性以及服务活动起讫时间属性）都与服务阶段活动的成本相关。可以通过企业调研，考察各服务阶段活动在不同规模效应模糊属性值情况下对应的服务成本。对于服务成本的定量计算，需要结合作业成本法的计算思路进行方法的设计。图1-2显示了对服务活动属性挖掘时考察的角度及属性挖掘之间的关系。

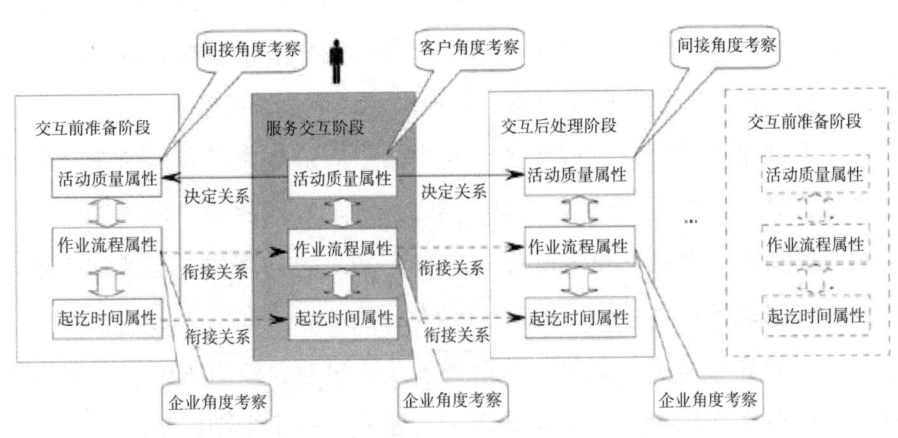

图1-2 服务活动各阶段属性挖掘

对于不同调度情况下优化数学模型的建立，主要任务是将优化目标与约束条件用数学语言描述，拟在前期研究成果基础上，主要运用运筹学方法建立多目标数学规划模型（包括动态与非动态模型）。再有，由于SMC模式下的调度优化目标与约束条件较为复杂，一般的确定性算法难以在短时间内实现较好的求解结果，故选用智能优化算法进行求解。例如，可以选取便于携带多信息特征（如若干优化目标及约束条件信息），且具有良好全局优化性能的蚁群算法。蚁群算法同供应链调度优化问题的基本对应关系可简要概括为表1-1所示。另外，遗传算法由于不存在对函数连续性和求导的限定，具有并行优化能力和较好的全局寻优能力，能够自适应地调整搜索方向，因此在本书中也有较多应用。

表1-1 供应链调度行为同蚂蚁觅食寻优行为之间的对应关系

供应链调度行为	开始	结束	服务的处理活动	供应链协作成员	协作成员差异	调度的多目标优化
蚂蚁觅食寻优行为	巢穴	食物	不同类型的蚂蚁	觅食路径	路径差异	觅食行为多目标优化

在对供应链整合问题的研究中，多是采用理论分析与文献分析方法，提出了资源的整合价值评价方法、分级管理准则以及资源获取路径。在进行服务供应链资源的优选方面，则可以采用多准则模糊综合评价方法。由于实现服务能力与服务需求的均衡是SMC模式下供应链整合的重要目标，因此可以将均衡分析结果引入数学优化模型，进而求解最优整合策略。

在本书的第四部分对不同服务行业中的供应链运作研究，则综合采用了前述方法。并非对所有企业来说MC都是一种最好的战略，因为MC适用于特定的市场和客户类型（Silveira等，2001）。在一些市场里，服务和产品的多样化对客户来说价值并不大（Pine，1993），比如客户在购买石油和天然气时通常不存在差异化需求。而另一些市场如公用事业、政府服务等会因为一些规章制度的存在而限制了定制化的需求。还有一些市场则天然具有定制化程度高的特点，比如运输业的产品特征就非常复杂，每一个客货位移都具有不同的运输对象、不同运距和起讫点或不同运输时间等特征，这类市场在采用SMC战略时重点在于提高服务的规模效应。因此，本书所研究的SMC适用于特定的服务产业背景。在本书第四部分对具有较高定制化需求且能够较好实现规模效应的服务产业的供应链管理若干问题进行了研究。

关于研究成果的检验与修正则主要通过计算机仿真软件（如MATLAB等）进行优化求解算法的编程，并对自动生成的随机定制服务需求信息进行模拟。部分研究运用到的数据来自相关研究提供的二手数据，也有来自企业调研获取的真实案例数据。

（五）本章小结

本章对 SMC 模式下的供应链运作包含的主要问题进行了深入的系统性分析，通过分析问题的研究背景与国内外研究现状，指出研究该问题的重要理论意义与现实价值。同时，搭建了本书研究的基本框架，拟定了研究内容及研究方法。这些内容是后续章节研究工作的指引。

第二部分

SMC 模式下的供应链调度问题

二、SMC 模式下供应链调度特征分析

（一）本章引言

服务定制的特殊性决定了其不同阶段规模效应的复杂性，进一步加剧了 SMC 模式下供应链调度优化决策的难度。在对服务大规模定制特征分析及其服务阶段划分及界定基础上，研究了服务定制过程中不同阶段的规模效应特性及差异，探讨了服务成本、服务时间、服务能力以及服务规模效应之间的内在关系。本章内容为后续建立 SMC 模式下的供应链调度优化模型奠定了基础。

（二）服务定制的复杂性分析

1. 服务需求与服务能力的随机性

SMC 模式下的供应链调度优化过程是一个典型的随机、动态、多目标优化过程，这主要是由服务定制的随机性需求（Stochastic Demand）和供应链环境下的随机性协作能力（Stochastic Cooperation Capability）的不可替代性决定的。这一特点，直接导致了供应链环境下服务定制调度过程动态性的产生。

随机性的需求是由客户服务订单的不确定性引发，并从供应链下游向上游传递。与有形产品的生产制造体系较为封闭的特性不同，服务系统更加开放，服务传递流程涉及的核心企业、供应链协作成员以及客户之间存在着广泛的、频繁的交互活动。这些交互活动极大地增加了服务系统面临的不确定性。

随机性的服务协作能力则主要由两个原因引发：一是由供应链网络各节点上的各协作伙伴相互之间，以及与其他相关链条协作群体之间协作关系的动态性引发的。因为作为供应链上的每一个成员，他们既是协作系统不可或缺的一部分，同时又保持着自身的独立性。获得最大的协作收益、降低协作风

险是其根本目标和在激烈的市场竞争中生存与发展的根基。这些都决定了他们必须与相关供应链中上、下游企业之间建立动态的协作联盟。这一方面能给其带来资源利用的最大化,提高收益;而另一方面,也使得供应链系统的调度过程更加复杂。

二是由 MC 生产方式下供应链计划调度过程中的随机生产能力约束(Stochastic Production Ability-Constrained)或随机性资源约束(Stochastic Resource-constrained)决定的。这也是一个成熟供应链系统的特征之一。对于处在协作关系中的任一生产企业,应该十分关注的是它所提供的空余生产能力(Void Production Ability)状况的优劣。但由于网状供应链系统的存在,由多个客户端传递来的随机生产需求信息以及各协作企业相互之间的动态资源需求信息都将使得各参与企业的空余生产能力状况曲线产生很大波动,这必将导致同一产品在不同时刻生产时,其生产时间以及生产成本上的差异。

与之类似,服务大规模定制模式下的供应链运作过程同样具有这样的特征。由于不同供应链网络中协作成员协作关系的复杂性,导致其在不同的时间节点上所能够提供的空余服务能力(Void Service Capability)会产生差异。这种能力上的差异不仅会直接决定供应链协作成员完成服务任务的状况,而且对服务的成本以及完成时间都会产生影响。换句话说,供应链协作成员的空余服务能力、单位服务成本、服务时间以及服务质量之间的关系并非简单的线性正比或反比关系,而是较为复杂的动态关系。因为在一定时期内,如果某企业的空余服务能力越大,其参与其他服务活动的可能性就越大,综合资源利用率就会越高,最终导致其盈利水平的提升。这种关系不同于研究较多的一般生产作业计划调度问题(Zhou 等,2009)(比如 FSS、JSS 问题)中的单位成本或时间不变。

服务需求与服务能力的不确定性是 SMC 问题的典型特征之一。对这一特征的更为具体的分析,以及针对此问题建立的供应链调度优化模型将在第 4 章和第 5 章予以介绍。

2.服务定制订单的复杂性

在产品生产中,与一般的生产方式相比,定制具有多品种、小批量、交货期和质量需求差异大等特征(姚建明,周国华,2003)。实施定制生产的核心企业为了能够以大规模的效益实现这些个性化需求，往往需要通过调节 CODP 在生产阶段中的位置来进行复杂订单的分解，降低需求的不确定性。生产型定制中的 CODP 会把产品的零部件划分为通用零部件与定制零部件，进而决定生产的规模效应程度。同时，同一产品生产过程中往往只有一个 CODP，将供应链划分为明显的两部分阶段。由于延迟策略的实施实际上依靠的是合理的订单分类，而订单分类的根据也就是基于不同订单是否具有同样的 CODP。

然而，在生产型定制中较为明确的订单分类思路，在服务型定制中却可能显得较为复杂。因为服务个性化的复杂程度远非生产型定制可比。其复杂性主要体现在两个方面：一是客户所需服务流程的内涵多样化；二是客户所需服务的时间多样化。在服务内涵方面，与生产型定制相比，显然服务需求的多样性更加突出。就拿餐饮服务来举例，一个中餐馆中有可能当天来的每个客户所点的菜品都不一样，即便是客户点的菜品种类相同，不同客户也许还有特殊要求，比如口味的咸淡、调料的忌口等。除了菜品需求的差异，服务员迎客、上菜或后续服务过程中，客户所要求的"交互服务（服务提供者与服务对象的交互式活动）"也有较大的差异。服务时间方面，与生产型定制产品需求具有较长的提前期相比，服务定制需求的提前期一般长短不一、变化多样。如在餐馆，大部分顾客的期望服务时间实际上都是越快越好，但也有部分客户为了等待其他人可能订单的提前期稍长一些，但也不会超过一两个小时。某购物网站推出的"211"时限送达服务，其提前期可以控制在几个小时之内。而时下流行的"定制公交服务"，由于在人员预约、车辆准备、线路规划等环节需要一些时间，因此服务的提前期相对较长，可能有几周等。

由于服务定制具有明显的特殊性，因此生产型定制中的延迟策略思路不一定能够完全适应。同样，基于延迟策略思路的 CODP 也不一定完全与生产型定制一致，至少在服务定制流程中，CODP 往往并非是单一的。也就是说，服务定制流程中的规模效应可能在多个环节出现而并非 CODP 之前或之后。因此，这里需要考察服务定制流程中各阶段的特性及规模效应的特殊性，采用新的思路来考虑服务订单的分类问题，并以之作为服务任务和资源调度的信息基础。

(三) 服务定制订单的模糊划分方法

为了实现更为科学的调度计划，首先要对服务定制订单进行合理划分。为此，引入了服务定制订单的模糊划分方法。

实质上，不论是何种性质的服务，都可将其中的活动归类到如图2-1所示的三种阶段中，即服务交互阶段（Service Interface Stage，SIS）、交互前准备阶段（Prepare Stage Before Service Interface，BPS）和交互后处理阶段（Settlement Stage After Service Interface，ASS）。

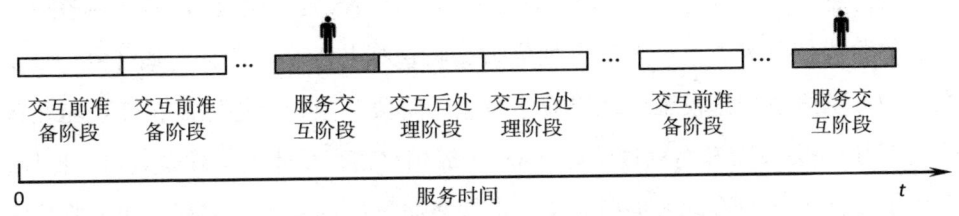

图2-1　服务过程中的阶段划分

服务交互阶段（SIS）是服务主体通过一定的介质物（如服务人员、信息交互窗口、服务设施等）向客户提供交互性服务活动的阶段，客户可以从该阶段直接感受出服务的价值。

交互前准备阶段（BPS）是为服务交互阶段准备和调配人、财、物等各种所需资源的阶段。尽管在该阶段的活动不会直接和客户产生接触，但该阶段的活动计划和所需资源的配置、调度等都必须和客户的服务交互阶段相关联，保证在服务交互阶段能够给客户提供满意或超值的价值服务。

交互后处理阶段（ASS）是处理服务交互阶段遗留工作的阶段。该阶段的活动也不会直接和客户产生接触，但该阶段的活动安排是否合理，不仅对下一次服务交互阶段的效率与效果产生重要影响，而且对服务企业的资源利用水平、运营收益以及客户整体感之价值都会产生重要影响。

当然，从服务流程的角度讲，不论是哪一类阶段的服务活动，都应该在活动质量、成本以及活动时间上满足下一活动对该阶段活动的要求，这样才能最终在服务交互阶段满足客户的个性化服务要求。但是，对提供服务的企业而言，在满足各服务交互阶段基本起讫时间要求的前提下，如果能够在各阶段活动中找到相同或类似的活动，显然能够提升企业整体的规模效应，实现其 SMC 的理念。

（四）服务订单中的规模效应

生产型定制中，基于延迟策略的 CODP 调节技术的是企业平衡其规模效应与客户个性化需求的重要手段（Li 等，2007）。CODP 之前的阶段是企业获取规模效应的重要阶段，而 CODP 之后的阶段则是体现客户需求差异化的重要环节。因此，为了提升生产效率、降低成本，生产型定制企业往往通过延迟策略的思想进行客户订单的划分，进而进行生产的计划与调度。

与之有一定差异的是，一般来讲服务型定制所涉及阶段较多，而且从图 2-1 所示的阶段划分来看，一个服务的完成，将包括若干交互服务阶段（SIS），而交互服务阶段往往是较难体现出规模效应的阶段。但与之相比，在交互前准备阶段（BPS）以及交互后处理阶段（ASS）都相对较容易体现出规模效应。比如，在提供餐饮服务的连锁火锅店，交互前服务阶段中的采购、配菜、加工等阶段都可以通过连锁中心统一实施，以提升整个连锁企业的规模效应。而交互服务阶段则需要服务员有针对性地对客人进行服务。交互服务后处理阶段中的卫生处理、厨余物资回收等过程又可以实现统一处理，提升规模效应。

但需要注意的是，尽管服务定制过程的多样性与灵活性决定了在其中多个阶段可以实现规模效应，但与生产型定制中的批量生产规模效应（如某一台设备一次处理若干相同零部件）不同的是，不同服务订单中，活动完全相同的阶段实际上并不多，而即便是活动的内容相同，也会因为活动的起讫时间要求不同而产生差异，如图 2-2 所示。

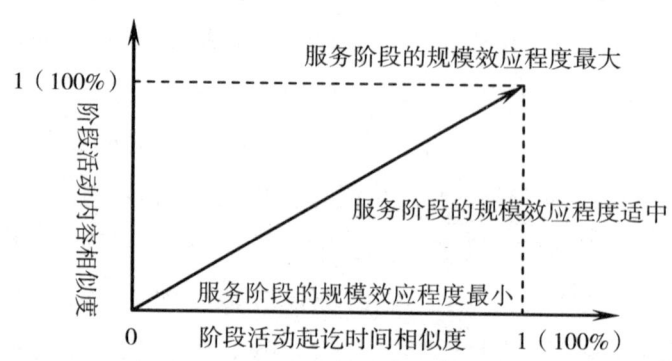

图 2-2 服务不同阶段的相似性表征示例

鉴于服务定制过程的上述特点，这里可以运用模糊数学表征的方法对服务不同阶段活动的相似性进行表征。图 2-3 为一个模糊表征示例，该例指出，在服务活动的第 2 和第 8 阶段是可以完全实现规模效应的。而在第 1、第 4、第 6、第 7 等阶段则只能实现部分规模效应。在第 3、第 5 阶段，由于活动之间完全没有相似性，因此无法实现规模效应。

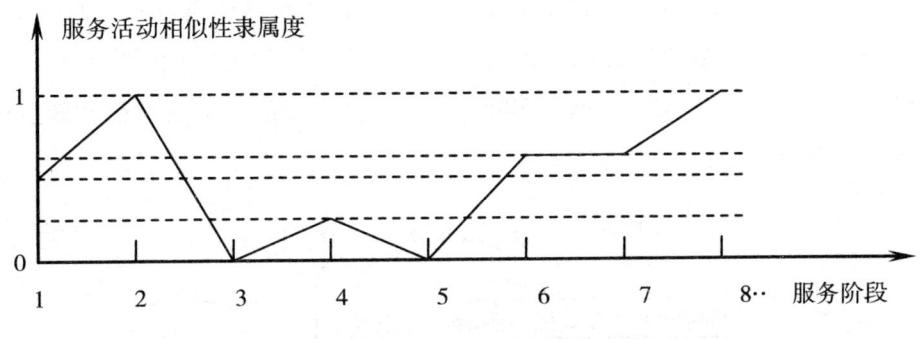

图 2-3 服务不同阶段的相似性模糊表征示例

（五）服务定制中的规模效应关系分析

1. 不同活动间的规模效应

为了将服务定制过程中的规模效应引入调度优化过程，对其进行量化表示如下。

设某服务企业提供的某项服务由 N 个阶段组成；设该服务企业为每个阶段设计的标准服务活动为 a_i（$i=1, 2, \cdots, N$）；设该服务企业可接受的每个阶段的非标准服务活动为 a_{ij}（$i=1, 2, \cdots, N; j=1, 2, \cdots, M$），$M$ 为所有服务阶段中非标准活动种类最多的种类数，如表 2-1 所示。

表 2-1 服务定制阶段活动划分

定制服务阶段	阶段 1	阶段 2	⋯	阶段 N
标准活动 a_i	a_1	a_2	⋯	a_N
非标准活动 a_{ij}	a_{11}	a_{21}	⋯	a_{N1}
	a_{12}	a_{22}	⋯	a_{N2}
	⋯	⋯	⋯	⋯
	a_{1M}	a_{2M}	⋯	a_{NM}

根据上述分析可知，服务过程中的规模效应来源于同时对多个相同或不同活动的处理。显然，不同服务主体在提供这些服务活动时必然表现出不同的规模效应，因此作为调度主体的核心企业在调度之前应该充分获取相关信息。按照表 2-1 划分，需了解的规模效应信息主要有如下三类：（1）各服务提供主体处理相同服务活动时表现出的规模效应，如图 2-4 中①类所示；（2）各服务提供主体处理两种不同服务活动时表现出的规模效应，如图 2-4 中②类所示；（3）各服务提供主体处理两种以上不同服务活动时表现出的规模效应，如图 2-4 中③类所示。实际上，上述所有情况下的规模折扣效益可以统一表示为式（2-1）所示：

$$D = f(a_i, a_{i1}, a_{i2}, a_{i3}, \cdots, a_{iM}) \tag{2-1}$$

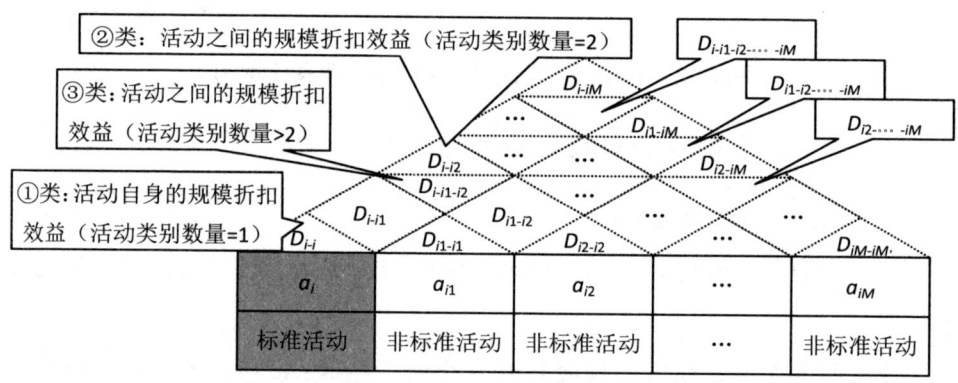

图 2-4 服务活动之间的规模效应关系

2. 基于规模效应的供应链调度目标权衡

在企业运营中，由于规模效应主要表现为服务成本的降低，因此图 2-4 中的规模效应关系将直接以规模折扣成本参数体现在调度优化中。换句话说，在 SMC 模式下的供应链调度优化中，作为调度主体的核心企业需要和调度对象——协作成员进行协作目标的权衡：核心企业协作时主要考虑如何提升客户服务满意水平、如何降低服务活动总成本、如何提升服务协作收益和降低风险以及如何提升供应链整体收益和降低风险等问题。而协作成员协作时则主要看重如何降低单位服务活动成本、如何提升规模效益成本折扣、如何优化服务活动时间窗以及如何提升服务协作收益、降低风险等方面，如图 2-5 所示。

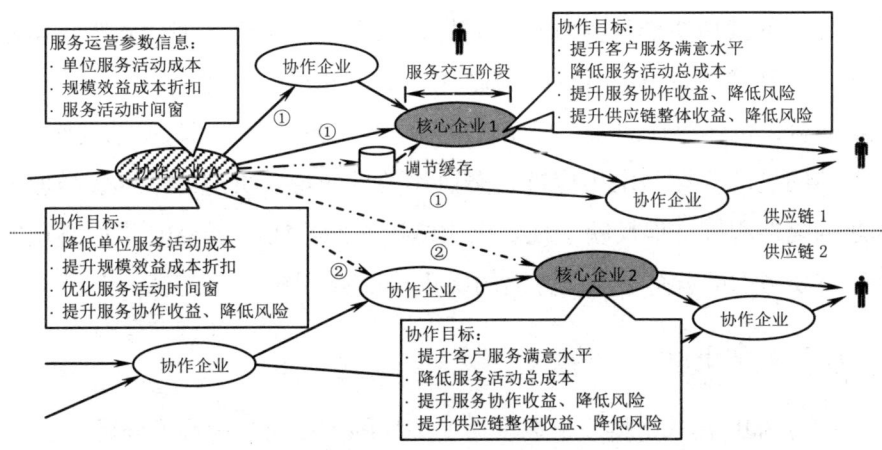

图 2-5 服务供应链运作中不同成员的协作目标差异

从图 2-5 可以看出，对于任意一个供应链协作成员而言，获取收益、降低风险是其参与协作的基础，因此当其在与某供应链网络中的核心企业 1 协作（图中协作关系①）的同时，也可能与另一供应链网络中的核心企业 2 进行协作（图中关系②）。然而，每个协作成员在一定时点上其服务能力是有限的，因此它必须衡量同时参与供应链协作的任务量，才能在保证获取满意收益的同时，规避由于服务能力不足带来的协作风险。由于有这一能力关系的制约，将导致协作成员在不同时间参与协作时，其服务成本、服务时间窗、以及规模效应等参数关系上的明显变化。

例如，图 2-5 中某服务能力有限的协作成员 A 在与核心企业 1 协作的同时，如果还想接受核心企业 2 的协作服务任务，可以通过如下两种途径实现。

一是通过压缩核心企业 1 服务任务的时间来换取更多的空余服务能力。但这样一来，核心企业 1 在该阶段服务活动的起讫时间必然要受到影响。而为了保证下游服务交互阶段活动的起讫时间能够和客户要求时间相一致，协作成员 A 可能需要在其下游设置调节缓存（如图 2-5 所示），这样必然要额外支出服务的缓存成本。尽管服务缓存会带来企业 A 服务成本的增加，但可以给其带来更多的空余服务能力从其他协作任务中获取收益，因此这是协作成员需要权衡的一个方面。

二是通过减少核心企业 1 的协作任务量来获取更多的空余服务能力，进而获取更多的其他协作任务收益。但是，从规模效应角度讲，显然同期处理任务越多，其可能带来的规模效应越大，单位处理成本越低。因此，对于协作成员而言，仍然存在如何在规模效应与空余服务能力之间权衡的问题。

上述问题的存在是由供应链复杂协作关系的特点决定的，尽管增加了分析问题的复杂程度，但反映了现实供应链运作的特征。在 SMC 供应链调度优化中，首要考虑的就是上述几方面的优化与权衡问题。

（六）本章小结

本章对 SMC 模式下供应链调度需要关注的重点问题进行了分析。

本章首先对服务大规模定制的服务需求与服务能力的不确定性特征、服务定制订单的复杂性特征进行了分析与描述。服务需求不确定性来源于客户需求的异质性，以及服务系统中广泛存在着的核心企业、供应链协作成员、客户之间的交互活动。服务能力的不确定性则来源于供应链协作成员的不同目标定位，以及随机性服务能力约束。由于客户所需服务流程的内涵多样化以及所需服务的时间多样化，造成服务定制订单的分类十分困难，进而增加了 SMC 模式下供应链调度决策的难度。

为此，本章提出了一种服务定制订单的模糊划分方法。虽然服务定制流程中可能存在多个客户订单分离点（Customer Order Postponement Decoupling Point，CODP），但是都可以模糊划分为三种阶段：服务交互阶段、交互前准备阶段和交互后处理阶段。这种划分方法有利于将 SMC 模式下的供应链调度活动抽象为数学模型加以优化。

进一步地，本章探讨了服务定制中的规模效应问题，包括不同服务活动的差别规模效应，服务活动间的规模效应关系，以及由追求规模效应引发的服务供应链运作中不同成员的协作目标差异问题。这些问题在建立调度优化模型时都要加以考虑。

三、SMC 模式下供应链调度基础模型与算法

（一）本章引言

建立 SMC 模式下供应链调度的多目标优化模型有三个重要的考虑因素：

一是优化目标，二是约束条件，三是信息共享情况。其中，优化目标与约束条件可以从 SMC 运作的 5R 原则中挖掘，即 SMC 模式下的供应链调度是指通过对定制服务任务的合理分配和灵活调度，实现以合适的服务价格（Right price），满足客户对服务质量（Right quality）、服务数量（Right quantity）、服务时间（Right time）与服务地点（Right place）的个性化需求。由于供应链调度涉及的主体不仅有服务企业，还有不同的供应链服务资源，而这些主体间的信息共享情况会直接影响到供应链调度决策的准确性与有效性。因此，本章首先假设供应链运作主体间完全信息共享，进而建立了 SMC 模式下供应链调度的基础模型（确定性模型），并设计了改进的蚁群算法对调度问题进行了求解。最后，通过实例分析了模型及算法的可行性、有效性及适用性。

（二）约束条件与优化目标

在供应链体系正常运作、定制任务持续进行的过程中，每一时刻都会有不同的定制服务任务在同时进行，这就要求服务各阶段上的供应链协作企业的总的服务能力必须与该阶段上相关服务定制任务所需的能力需求（Service Capacity Requirement）相适应，才能实现供应链系统下合理的服务任务调度。因此，服务能力约束关系是优化模型的核心约束条件之一。

对于优化目标而言，降低供应链系统对服务定制任务的处理成本显然是优化目标之一。在这里应该注意的是，由于在供应链环境下，参与服务的企业不仅是核心企业一家，核心企业在进行相应的调度时，必须综合考虑相关协作企业的自身利益，才能使供应链协作关系长久稳固，使得核心企业的竞争优势得到充分发挥，从而形成利益多赢的良性循环。

另一方面，供应链系统各企业的空余服务能力大小在生产过程中意义重大。由于优化定制服务过程中各阶段的服务时间，可以导致企业空余服务能力的提高，因此，如果将服务时间的优化作为另一个优化目标，必然会给企业带来直接或间接的协作效益。但是，如果缩短定制服务某阶段的时间，使之小于该阶段服务活动的预期时间，必然会导致服务过程中某阶段服务库存成本（服务库存成本是由于服务资源缓存带来的成本支出）的增加。而为了使服务交互阶段（SIS）的起讫时间与客户要求时间相匹配，该成本的支出是必须的。因而它们构成了供应链环境下 SMC 调度优化过程所特有的一对矛盾，如图 3-1 所示。因此，在优化目标的设计中，服务定制各阶段之间的有效衔接以及服务交互阶段的准时性是必须考虑的一个重要内容。

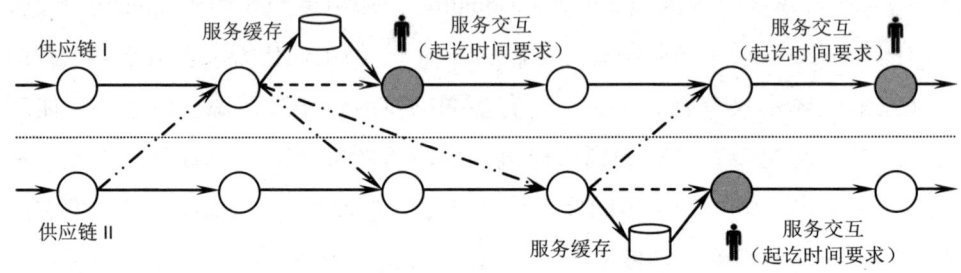

图 3-1　某阶段服务缓存设置的必要性

（三）供应链调度优化模型

1. 参数和变量设定

● 设服务定制企业提供的某类别服务需要由 K 个阶段来完成，其中各阶段的服务任务可能不同也可能相同或相似。

● 核心企业除完成定制服务的设计开发外，还可能参与 K 个阶段中的第 k （$k=1$，2，$\cdots K$）个服务过程。这里应该说明的是，核心企业参与定制服务的某个或多个阶段对供应链系统的整体优化调度问题并不会产生影响，只是改变了数学模型中某些参数的意义。

● 由于是动态调度，故设调度起始时刻为 t。

● 设核心企业在调度时刻某时间阈值期内接到用户服务订单 N 个，每个订单索引为 i。设每个订单的每个阶段索引为 (ik)，其中 $i=1$，2，$\cdots N$；$k=1$，2，$\cdots K$。

● 设 K 个服务阶段中，每个阶段有 N_k（$k=1$，2，$\cdots K$）个协作商（协作服务提供者，对于核心企业参与的阶段而言，则设其划分成了 N_k 个服务组或业务组）。每个协作商（或服务组/业务组，以下同）的索引为 (kr)，$(r=1$，2，$\cdots N_k)$。

● 设第 k 个服务阶段中的协作商 N_k 对各订单在该服务阶段的服务处理成本为 $C_{kr,ik}(t)$。

● 设 $T_{kr,ik}(t)$ 为协作成员 (kr) 对某订单 (i) 在第 k 阶段处理所需的时间；由核心企业根据主、客观影响因素设定的协作成员 (kr) 对订单 (i) 在

第 k 阶段处理所需期望服务时间为 $T_{E.kr.ik}(t)$；设订单（i）在协作成员（$k+1,r$）处处理时，该协作成员对其处理服务任务的实际处理时间与期望处理时间之差绝对值的可接受上限为 $T_{k+1.ik}(t)$。从服务的时间性角度讲，合理调度希望的是服务过程的准时传递，即服务任务在每个阶段处理，均能最好地满足该阶段的期望服务时间要求，这样才能保证服务交互阶段与客户时间需求的一致性，提升服务水平。

• 设第 k 个服务阶段中的协作成员 N_k 对（i）类订单在该阶段处理的规模效应为 $M_{kr.ik}(t)$。

• 设订单（i）对第 k 服务阶段的空余服务能力需求为 $A_{(DEM)k.ik}(t)$，而 k 服务阶段中某协作成员的空余服务能力供给为 $A_{(SUP)kr}(t)$。

• 设订单（i）对第 k 服务阶段的服务质量需求为 $Q_{(DEM)k.ik}(t)$，而 k 服务阶段中某协作成员的服务质量为 $Q_{(SUP)kr}(t)$。

• 定义变量 $f_{kr.ik}(t)$，当服务订单某阶段（ik）选择协作成员（kr）时，$f_{kr.ij}(t)=1$；其他情况下 $f_{kr.ij}(t)=0$。

2. 优化模型

目标函数：

$$\min Z_1 = \sum_{k=1}^{K}\sum_{r=1}^{N_k}\sum_{i=1}^{N}[C_{kr.ik}(t)f_{kr.ik}(t)] \quad (3-1)$$

$$\min Z_2 = \sum_{k=1}^{K}\sum_{r=1}^{N_k}\sum_{i=1}^{N}[|T_{E.kr.ik}(t)-T_{kr.ik}(t)|f_{kr.ik}(t)] \quad (3-2)$$

$$\min Z_3 = \left|\sum_{i=1}^{N}f_{kr.ik}(t)-N\right| \quad (3-3)$$

$$\max Z_4 = \sum_{k=1}^{K}\sum_{r=1}^{N_k}\sum_{i=1}^{N}[M_{kr.ik}(t)f_{kr.ik}(t)] \quad (3-4)$$

约束条件：

$$\sum_{i=1}^{N}A_{(DEM)k.ik}(t) \leq \sum_{r=1}^{N_k}A_{(SUP)kr}(t) \quad (3-5)$$

$$|T_{E.kr.ik}(t)-T_{kr.ik}(t)| \leq \max T_{k+1.ik}(t) \quad (3-6)$$

$$\sum_{k=1}^{K}\sum_{r=1}^{N_k}\sum_{i=1}^{N}f_{kr.ik}(t)=N \quad (3-7)$$

$$\sum_{r=1}^{N_k}f_{kr.ik}(t)=1 \quad (3-8)$$

$$Q_{(SUP)kr}(t) \geq Q_{(DEM)k.ik}(t_k) \qquad (3-9)$$

式中：$f_{kr.hij}(t_k)=0 \text{ or } 1$；$k=1, 2, \cdots K$；$r=1, 2, \cdots N_k$；$h=1, 2, \cdots G$；$i=1, 2, \cdots M_g$；$j=1, 2, \cdots N_m$。

模型中，式（3-1）为总服务成本最小化优化函数；式（3-2）为服务交互时间满意优化函数，其运作主线在于优化各服务阶段的准时性，以保证服务交互阶段的起讫时间能够满足客户的要求。从该式构成来看，作为一个供应链系统而言，核心企业对某服务任务在供应链体系的对应阶段处理时，均有其相对满意的期望处理时间。协作成员对该服务任务的实际处理时间与期望处理时间越接近，越能保证服务交互阶段对客户的准时要求，同时越能保证各阶段活动的有效衔接，增强供应链体系运作过程的稳定性，实现供应链体系的运作目标，使供应链体系获得较大的综合收益；式（3-3）、（3-4）为服务的规模效应优化函数。对于供应链中任一协作成员而言，式（3-3）值越小，其对某一类具有较强相似性的订单集合在该阶段处理的同期批量越大，规模效应实现的可能性越高；式（3-4）为最大化服务规模效应的优化函数。

约束条件方面，式（3-5）为动态空余服务能力约束关系；式（3-6）为服务阶段的承接性约束关系，保证了同一服务在供应链不同阶段处理时，各阶段的接续顺畅。同时，该约束条件也间接反映了在供应链运作体系中，由于是作为一个系统来运行，各协作成员在对其自身利益进行决策时，必须充分考虑系统中其他成员的利益要求，才能达成合理的协作关系，实现服务任务的顺利完成；式（3-7）为服务处理的阶段性约束，保证接到的所有订单必须经过所有的服务阶段（当然，实际上某些订单在某些阶段可能不参加处理，即经过某些虚拟处理阶段）；式（3-8）为服务处理的归属唯一性约束，保证了每一服务任务都由其对应的协作成员完成，不会出现重复处理的现象；式（3-9）为服务的质量约束关系，这是达到客户服务满意水平的基本要求。

（四）求解算法分析

由于上述优化模型涉及三个目标之间的权衡及多个约束条件的制约，在算法构筑上应该考虑其属性特征携带的特性。在这一方面，基于蚂蚁觅食寻优机理的蚁群算法具有良好的性能（如快速收敛到全局近似最优解，方便携带多属性特征等）。这里通过对一般的蚁群算法进行相应设计和改进，得出表3-1所示的调度决策行为同蚂蚁觅食寻优行为之间的对应关系。

表3-1 供应链调度行为同蚂蚁觅食寻优行为之间的对应关系

供应链调度行为	开始	结束	服务的处理活动	供应链协作成员	协作成员差异	调度的多目标优化
蚂蚁觅食寻优行为	巢穴	食物	不同类型的蚂蚁	觅食路径	路径差异	觅食行为多目标优化

1. 算法设计

算法中，将供应链每个协作成员看作一个独立的服务单元，该单元在服务过程中每一时刻都拥有相对确定的运作参数。设某一调度时刻的供应链网络由源点、宿点及二者之间的协作成员节点构成。网络中的阶段划分将根据 t 时刻服务订单的实际要求动态确定。算法进行中，蚂蚁从源点通过网络移动到宿点，随后死亡。由于蚂蚁不返回，因而不同路径上的信息素含量将根据不同协作成员的服务参数智能确定。

为了使算法得以实现，根据服务订单的不同以及订单中不同阶段的差异对蚂蚁类别进行划分，每类蚂蚁用 A_{ik}（$i=1, 2, \cdots n$；$k=1, 2, \cdots K$）表示。对每一类蚂蚁 A_{ik}，由其服务处理特点决定了在网络中均有一些节点无须经过，为了加快算法收敛将这些节点设为禁入节点。

由于服务调度过程不同于生产调度，此处设定规则如下。

第一，根据服务成本最小化规则设定路径的选择概率。设 t 时刻 A_{ik} 的可行域是 M_{ik}（协作成员构成的集合）。（kr）表示不同供应链服务阶段 k（$k=1, 2, \cdots K$）中的第 r（$r=1, 2, \cdots N_k$）个协作成员。由于动态调度的优化目标之一为服务成本最小化，故设 A_{ik} 类蚂蚁在经过（kr）后遗留信息素的量（由 $\pi_{(1)ik.kr}$ 表示）同服务成本（C）成反比，则协作成员（kr）对 A_{ik} 的第（1）类吸引概率为：

$$P_{(1)A} = \pi_{(1).ik.kr} / \sum_{r=1}^{N_k} \pi_{(1).ik.kr} \quad (3-10)$$

第二，根据服务交互的准时性目标设定路径的选择概率。设 A_{ik} 在第 k 阶

段的期望服务时限窗为 T_E，由于供应链协作关系动态性的特点，某成员可能因为同时也和其他供应链网络存在协作关系而需按其自身处理进程进行服务。设其提供的服务时间窗为 T_S 并设 $T=|T_E-T_S|$，为了满足服务交互的准时性和不同阶段的衔接连贯，T 越小越好。故设 A_{ik} 类蚂蚁经过（kr）后遗留信息素量（由 $\pi_{(2)ik.kr}$ 表示）同（T）成反比，则（kr）对 A_{ik} 的第（2）类吸引概率为：

$$P_{(2)A} = \pi_{(2).ik.kr} / \sum_{r=1}^{N_k} \pi_{(2).ik.kr} \qquad (3-11)$$

第三，根据服务规模效应最大化规则设定路径的选择概率。由于动态调度的优化目标之一为服务的规模效应最大化，故设 A_{ik} 类蚂蚁在经过（kr）后遗留信息素量（由 $\pi_{(3)ik.kr}$ 表示）同协作成员的服务规模效应（M）成正比，则协作成员（kr）对 A_{ik} 的第（3）类吸引概率为：

$$P_{(3)A} = \pi_{(3).ik.kr} / \sum_{r=1}^{N_k} \pi_{(3).ik.kr} \qquad (3-12)$$

第四，根据服务能力约束关系设定路径的排斥概率。为了实现调度中的协作成员能力约束问题及同类订单归属的规模效应问题，需设定排斥概率以解决可能形成的某成员蚁流拥塞问题和任务分配混乱问题。设非 A_{ik} 类蚂蚁 A_{pq} 通过某成员（kr）后遗留信息素量为 $\rho_{pq.kr}$，则其对 A_{ik} 类蚂蚁的排斥概率为：

$$P_R = \rho_{pq.kr} / \sum_{r=1}^{N_k} \rho_{pq.kr} \quad (p=i, q \neq k; p \neq i, q = k; p \neq i, q \neq k) \qquad (3-13)$$

基于上述分析，定义 A_{ik} 选择协作成员（kr）的综合概率为：

$$P_{ik.kr} = \alpha P_{(1)A} + \beta P_{(2)A} + \gamma P_{(3)A} + \delta(1-P_R) \qquad (3-14)$$

式中，$\alpha, \beta, \gamma, \delta(0 < \alpha, \beta, \delta, \lambda < 1; \alpha + \beta + \delta + \gamma = 1)$ 为调整系数，反映了吸引和排斥概率的期望权系数。

在信息素的更新方面与传统方法不同，由于此处构造的蚂蚁具有单向运动性，因而对协作成员节点信息素的更新由算法自动完成。为表示简化，由 Φ 统一代表上述 $\pi_{(1)}$、$\pi_{(2)}$、$\pi_{(3)}$ 和 ρ，更新规则为：

$$\Phi(t+1) = \Phi(t) + \Delta\Phi(t, t+1) - \lambda\Phi(t) = (1-\lambda)\Phi(t) + \Delta\Phi(t, t+1) \qquad (3-15)$$

其中，$\Phi(t)$ 和 $\Phi(t+1)$ 分别为蚂蚁第 t 次和 $t+1$ 次通过某协作成员节点后遗留的总和信息数量；$\Delta\Phi(t,t+1)$ 为第 $t+1$ 次遗留信息素量；λ $(0<\lambda<1)$ 为

信息素的挥发系数。

2. 算法步骤

设每次调度时算法执行一次，动态进行协作成员选择决策并调整服务任务的分配。由于供应链成员之间具有较为复杂的协作与竞争关系，因而找到完全最优解是困难的。实际上应从多方面权衡，在求解之前提出一个可以主观接受的期望满意水平，当算法收敛到使各优化指标达到该水平即可停止，步骤如下。

（STEP 1）核心企业根据服务活动确定待选择协作成员类别，构造蚂蚁类别，确定可行域；（STEP 2）确定不同蚂蚁类别经过不同协作成员时，各成员服务成本、服务时间误差等参数量值，确定它们同各类蚂蚁遗留信息素量的关系；（STEP 3）按调度的历史经验及现实数据分析确定各目标优化的期望满意水平；（STEP 4）设定及调整 α、β、γ、δ、λ 等系数值；（STEP 5）在源点产生第 t 批次（初始时 $t=1$）蚂蚁，每批次中包含各类蚂蚁若干。使其向宿点运动，到达后全部消失。按式（3-15）更新各节点信息素；蚂蚁批次自动加 1（即 $t = t+1$）；（STEP 6）记录该批次中各协作成员通过蚂蚁数量。判断蚂蚁数量是否达到稳定值（即和前一批次相比选择该节点的蚂蚁数量无明显变化，或连续几个批次中蚂蚁数量均在某个值附近小范围变动）；（STEP 7）如果已稳定，按各类蚂蚁在成员中分配数量进行协作成员的优选，并分配对应的任务；（STEP 8）计算此时各目标的优化水平，判断其是否达到期望满意水平。如果达到则算法停止，按结果实施选择决策，否则转（STEP 5）；（STEP 9）若经过所有批次，蚂蚁还无法达到平衡，需重新调整各类参数值，即转到（STEP 4）；（STEP 10）若算法经长时间执行后，各项指标无法达到满意水平，应对期望满意水平进行相应的修正，即转到（STEP 3）。

（五）算例分析

某电子商务企业 A 是一家提供体验式购物服务的 B2C 网购企业。由于体验购物是其主要策略，因此对于每次客户的体验要求十分看重。由于该企业本身并不生产产品，也没有物流部门，所有客户要求的体验活动都必须通过包括供应商以及第三方物流企业（3PL）等在内的供应链系统完成。由于其体验服务的个性化需求特性突出,主要体现在体验活动内容的丰富程度以及体验活动时间的灵活性两个方面,因此需要通过复杂的动态供应链调度实现协作成员的选择及不同阶段服务任务的分配。这里选取四家承担配送服务的第三方物流企业(由 3PL1、3PL2、3PL3 和 3PL4 表示)进行算例分析,检验算法的有效性。设调度时刻 t,各 3PL 的相关运作参数(本节所有数据已经过单位同一化及归一化处理)如表 3-2 所示。

表 3-2 各 3PL 的相关服务运作参数

调度优化参数	3PL1	3PL2	3PL3	3PL4
服务成本 C	0.76	0.72	0.74	0.71
服务准时性 T	0.59	0.60	0.55	0.57
服务规模效应 M	0.35	0.38	0.37	0.36
服务能力 A	0.50	0.57	0.46	0.56

设调度时刻 t 需进行该阶段服务任务处理的订单对应蚂蚁类型为 A 类,其对 3PL 的服务能力需求为 0.50。首先,通过供应链成员的服务能力平衡要求判断发现 3PL3 不符合基本约束关系,将其设为禁入节点。关于算法中系数的设定分两种情况讨论如下。

第一种情况:A 企业的客户对于体验服务活动具有较严格的时间性要求。在这种情况下,在算法的系数设定中,A 企业将向 3PL 的服务准时性参数倾斜。尽管从图 3-2 判断可知,3PL 的物流服务阶段属于服务交互前的准备阶段,但其服务时间是否与 A 企业的预期时间相符将直接决定服务交互阶段(客户体验阶段)的时间准时性问题。因此,算法中系数选择为 $\alpha=0.3$、$\beta=0.5$、$\gamma=0.2$、$\delta=0$(由于不存在能力约束)、$\lambda=0.1$,蚂蚁批次设定为 300。运用 MATLAB R7 进行仿真,收敛趋势结果如图 3-2 所示。

由图 3-2 分析可知,对于该类服务订单,经若干批次运算后达到稳定状态。所有蚂蚁选择了 3PL4。这是因为从表 3-2 参数值可知,3PL4 在服务准时性方面具有明显优势。而 3PL2 在服务成本以及规模效应方面较有优势,因此可以吸引蚂蚁向其方向运动,但最终没有成为服务任务的分配对象。可以看出,算法在反映调度多目标的灵活性与均衡性方面较有优势。

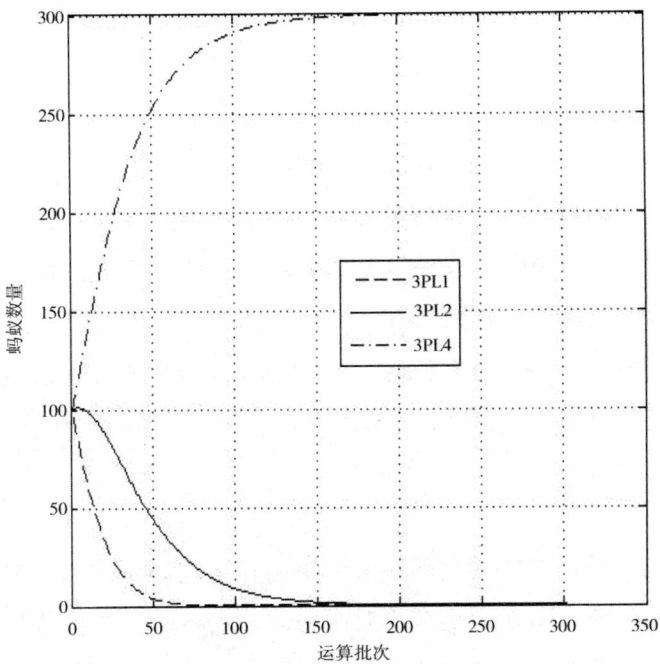

图 3-2　第一种情况的收敛趋势

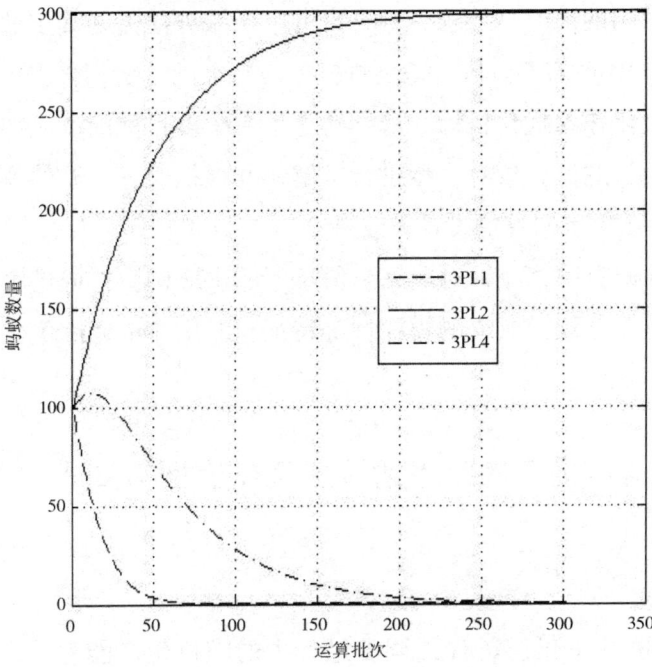

图 3-3　第二种情况的收敛趋势

第二种情况：客户对于体验服务活动的时间性没有非常严格的要求。在这种情况下，A企业可以将更多的精力放到服务的规模效应方面，以降低服务成本。算法中系数设定为 $\alpha=0.2$、$\beta=0.2$、$\gamma=0.6$、$\delta=0$（由于不存在能力约束）、$\lambda=0.1$，蚂蚁批次设定为300。仿真结果如图3-3所示。

由图3-3分析可知，对于该类服务订单，经若干批次运算后达到稳定状态。所有蚂蚁选择了3PL2。从表3-2参数值可以明显看出，3PL2在服务规模效益方面具有明显优势。而3PL4较好的成本优势以及适中的规模效应是导致蚂蚁数量先上升后下降的根本原因。通过仿真实践还表明，根据选择优化目标的实际情况适当调整各参数的值可以得到较佳的收敛时间和效果。

（六）本章小结

SMC模式下的供应链调度问题要解决的首要问题是定制化服务需求与服务成本之间的平衡，即在满足客户对服务质量的要求（主要体现为能否在适当的服务时间和服务地点提供客户需求的服务内容和服务量）的前提下，实现服务成本的最优化。本章假设供应链成员间信息共享，协作成员知晓核心企业对服务时间的准时性要求，且自身的空余服务能力是确定的。另外，基于前一章节对SMC的多阶段、差别规模效应特征的分析，将多个阶段服务规模效应的最大化作为优化目标，最终建立了一个多目标的供应链调度优化模型。本章采用了蚁群算法对模型进行求解，并根据服务定制的特殊性，对模型和算法进行了有针对性的设计及改进。

在今后的研究中，应针对非完全信息下的供应链协作成员服务能力的不确定性，以及服务规模效应的模糊性等特征，对供应链调度优化问题进行深入剖析。

四、服务能力不确定下的调度优化模型与算法

（一）本章引言

MC生产方式下供应链计划调度过程中的随机生产能力约束（Stochastic Production Ability- Constrained）是由供应链的特点决定的，这也是一个成熟供

应链系统的特征之一（姚建明，2015）。与之类似，SMC模式下的供应链运作同样要面临供应商在服务能力上的随机性与模糊性问题。因此服务企业不单要重视客户需求，还要注重提高服务供应商的满意度，也就是要综合考虑相关协作企业的利益。只有这样，才能提高供应商的服务能力、服务质量和协作水平，才能使供应链协作关系长久稳固。

在本书第二章和第三章中，较为系统地提出了SMC模式下供应链调度优化问题的分析框架，重点对SMC的多阶段、差别规模效应的特征进行了论述，并构建了以客户的服务时间准时性，核心企业的服务成本，以及供应链上协作企业规模效应为优化目标的数学模型和求解算法。同样，有少数研究也关注到了这一问题。如Liu等（2015）研究了大规模定制模式下物流服务供应链的调度问题。依照制造业的延迟策略思想，将物流服务供应链模糊划分为前段标准化和后段定制化两个阶段，然后以每个阶段的服务准时性为目标建立了优化模型，并给出了求解方法。Yao和Deng（2015）对一家在全球范围提供生产服务设施企业的大规模定制调度问题进行了研究，从战略角度提出了对固定资产投入与研发投入的规模效应的优化目标，以及对运作层面的服务成本与服务时间的优化目标，进而构建了多目标数学规划模型和智能算法。

可以看到，SMC模式下的供应链调度问题研究已经注意到了供应商对定制服务的重要性，但是对供应商服务能力的不确定性以及供应商的需求问题还缺乏研究。因此，本章从服务供应链的供应端角度，讨论了供应商服务能力不确定性的来源，分析了供应商的需求偏好，并将供应商满意度作为重要优化目标引入了调度模型。

（二）服务能力不确定性特征分析

服务能力的不确定性是由SMC模式下的服务供应链的特点决定的，主要有如下几个方面。

1. 定制服务供应链的集成特性

服务供应链的基本结构是由功能服务供应商、服务集成商（服务企业）和客户组成的三级结构（Baltacioglu，2007）。服务企业是供应链的核心，依据客户需求将供应商的服务集成为服务产品，并向客户提供核心服务和价值；

供应商兼具服务的后台和前台的功能，不仅为服务企业提供服务支持，还可直接面向客户提供服务，对服务的整体效率和效果有直接影响。

由于制造企业面对的是细分市场中相对固定的多种需求，因而产品MC可以采用模块化和延迟策略等方式来获得规模效应。而提供SMC的服务企业面对的需求更加多样化（陶颜、魏江，2015），客户参与度和参与频次也更高，往往还会深入到服务的设计阶段，造成模块化和延迟策略并不容易在服务企业实现。服务企业要想提高大规模定制能力和规模效应，有三个方面的途径：首先要加强客户开发，提高服务资源（服务能力）利用率，减少服务资源的闲置；其次要提高服务资源的通用性和可变性，以获取范围经济；最后要加大服务供应商整合力度，通过与多种多样的供应商合作，来提高服务供应链的多样性和柔性。服务企业只有掌握了大量的服务资源才能在更大程度上保障定制订单的完成。从这个角度来看，提供SMC的服务企业更像是一种服务集成平台，其核心能力在于对服务需求和服务资源的整合。例如第三方物流企业的客户虽然都要求将货物从北京运往上海，但在货物规格、运输方式、运输时间、信息反馈、付款方式等方面，客户之间可能存在很大差异。为了提供大规模定制化物流服务，物流企业不仅要扩大货源，化零为整，实现多流向、多物流环节间的无缝对接，而且要与不同供应商开展合作，积极采用服务外包策略，实现从物流企业向物流平台的转型。可见，服务供应链虽然在纵向上较短，在横向上却包括众多主体，不仅有大量需求各异的客户，还有承担各种服务功能的供应商，这给服务企业带来丰富资源的同时，也增加了调度的难度。一个合理的供应链调度方案，不仅要以降低服务成本和提高服务水平为目标，还应有公平机制和激励措施来吸引更多供应商整合到服务集成平台当中，以此保证服务企业服务水平的稳定性和持久性。

2. 服务供应商的相互制约

不论是采用"模块化"还是"延迟策略"，制造业的大规模定制都是基于实体产品的有形性特征，通过对供应链上产品流的合理控制来缓解"规模效应"和"个性化需求"间的矛盾，利用零部件和产成品库存来调节需求和供给的不平衡。由于库存的存在，供应商的生产活动和订单交付具备较大的独立性，一旦完成生产即可视为订单告一段落，其生产能力可以被立即释放并被投入到下一订单的生产中，其产能受其他供应商活动的影响有限，具有较强的稳定性。因此，减少库存、降低库存费用是制造企业进行供应链调度优化时考虑的重要目标。

服务具有的无形性、不可储存性、生产与消费同时进行等特性（Nie 和 Kellogg，1999），使得服务企业无法通过服务能力的存储来平衡服务需求与服务供给，而是按需供给、实时调配，依靠供应商之间的动态配合与紧密衔接来完成客户的定制需求。特别是当服务效果受服务主体、服务对象和服务时间高度影响时，服务产品和服务流程很难被标准化和模块化，极易受到不确定因素的扰动。一旦供应链上下游不能有效配合，不论是上游供应商还是下游供应商，它们的服务能力均被无效地占用和消耗，不仅给自身造成无法逆转的损失，还会降低客户服务质量，增加服务企业的协调成本。服务的直接成本就像看得见的冰山一角，而往往被服务企业所忽视的协调成本才是潜藏在海面之下的冰山主体。所以，服务企业不能只将服务报价最低的供应商的产品打包给客户，而是要将协调配合度高的供应商整合到一条供应链中，提高供应链的协同效率，从而达到提升服务质量，降低服务总成本的目的。

3. 服务供应商的动态联盟

服务包括若干阶段，客户可以对每个阶段的服务内容和服务时间提出个性化要求，而服务供应商则具备完成其中某些阶段服务任务的功能。由于服务需求的个性化程度较高，而每个调度周期能够参与服务的供应商及其空余服务能力是随机的，因此根据需求订单和动态供给情况实时调配而形成的供应链也具有一定的独特性。定制服务供应链调度流程如图 4-1 所示。

作为服务供应链的成员，服务供应商以获得最大协作收益、降低协作风险作为根本目标，加之服务供应商自身的空余服务能力情况和对订单的偏好具有不确定性，使得定制服务供应链上的企业形成了一种动态联盟的状态。为了避免服务能力的闲置，服务供应商通常参与到多个服务企业的供应链运作当中，并且偏好于那些与现有订单相似性更强、更能充分利用服务能力、自身也更为擅长的服务订单，这是造成供应商空余服务能力的模糊性、随机性和动态性的根本原因，也给服务企业制定调度方案带来了极大的难度。因此，作为调度主体的服务企业面临非常复杂的调度和协调工作。如何在提高服务水平、寻求规模效应提升的同时满足供应商的订单偏好是核心企业面临的难题。

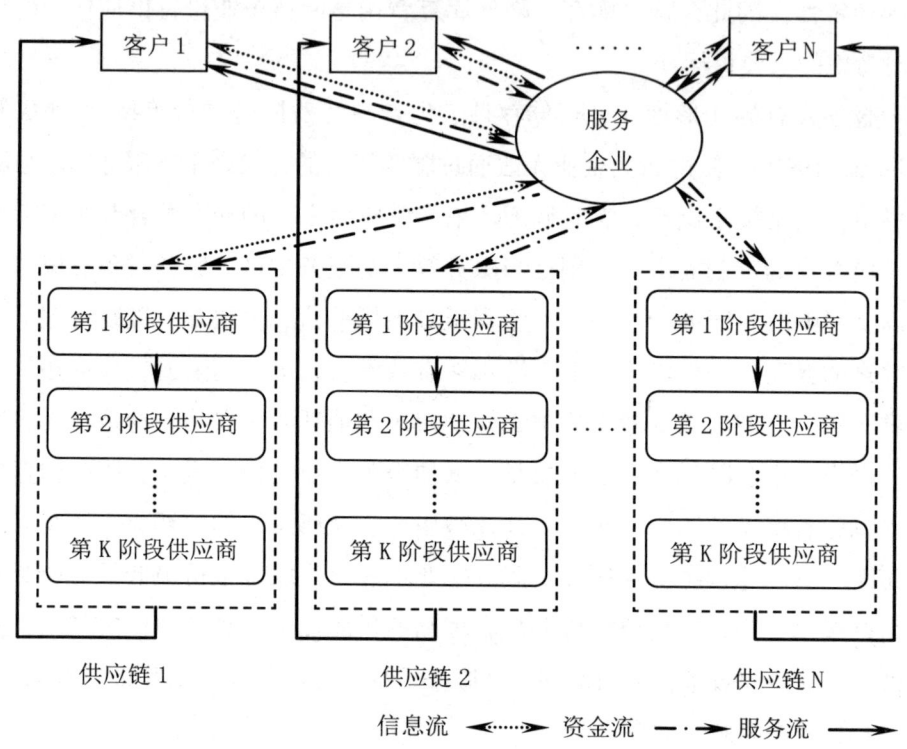

图 4-1　定制服务供应链调度流程

（三）考虑供应商满意度与模糊能力的调度优化模型

1. 问题分析

前一节从定制服务供应链的集成特性、服务供应商的相互制约特性与动态联盟特性三个方面论述了 SMC 模式下的供应链调度所面临的复杂性与不确定性环境，以及服务企业在进行计划调度时考虑供应商需求偏好与配合程度的必要性，即在满足客户个性化需求的同时，也要注重提高供应商的满意度。基于此，构建的调度优化模型基于如下前提和假设。

服务由若干阶段组成。服务供应链由多个服务供应商、单个服务集成商和多个客户组成。服务供应商以服务集成商的名义为客户提供服务，服务中出现了任何问题都由服务集成商统一协调解决。客户可以对每阶段的服务时间、服务量和服务内容提出定制化需求。服务集成商在一个调度周期内接到若干客户订单后,基于现阶段服务供应商的空余服务能力、服务时间和服务成本情况对服务资源和服务任务进行调度。模型优化目标为供应链的服务成本最小化,客户满意度和供应商满意度最大化,其中客户满意度表示为客户需求量和服务时间的满足程度,供应商满意度表示为供应商间的配合度以及供应商的需求偏好。

服务供应链调度的关键在于服务能力与服务需求的匹配。由于服务能力的闲置损失无法弥补,服务企业一般在接到客户订单后才开始进行服务资源的调配,因此客户的需求量在本模型中被视为确定值。服务供应商在未来一段时间的空余服务能力被视为模糊值,用模糊隶属度函数表示。客户满意度由需求满足率和时间满足率来衡量。假设客户要求服务量必须被完全满足,服务时间则既有硬约束,也有软约束。服务时间被作为优化目标考虑在模型中,一方面是为了减少客户的服务等待时间,另一方面是为了提高服务资源的周转率,提高服务供应商和服务企业的收益。

供应商的满意度由供应商的订单偏好和上下游供应商间的配合默契度来表征。由于客户对每个阶段的服务内容也会提出个性化需求(这种个性化也是在标准服务的基础上做出的一定程度的改动),因而供应商对每个客户同一阶段的服务报价、服务时间和需求偏好都可能存在不同。在实际操作中,供应商的订单偏好可以通过供应商对各标段的报价情况和供应商填报得到,而供应商之间的配合度则可以从供应商是否属于同一集团公司、供应商之间以往是否有合作、供应商与服务集成商合作次数、供应商信息化水平等指标进行打分和综合判断。

2. 符号说明

集合和索引

i ——服务供应商索引,供应商用 S_i 表示,$i \in \{1,2,...,I\}$

j ——客户索引,客户用 U_j 表示,$j \in \{1,2,...,J\}$

k ——服务阶段索引,服务阶段用 H_k 表示,$k \in \{1,2,...,K\}$

模型参数

D_j^k ——客户 j 对第 k 阶段服务的需求量

T_j^k ——客户 j 对第 k 阶段服务的完成时间限制

$\tilde{Q}_i$ ——供应商 i 的服务能力,用三角模糊数表示,$\tilde{Q}_i = (Q_{i1}, Q_{i2}, Q_{i3})$

C_{ij}^k ——供应商 i 为客户 j 提供第 k 阶段服务的成本

t_{ij}^k ——供应商 i 完成客户 j 第 k 阶段服务所需的时间

p_{ij}^k ——供应商 i 对客户 j 第 k 阶段服务的偏好,用五个级别表示,$p_{ij}^k \in \{1,2,3,4,5\}$ 代表偏好程度由高到低

r_{il} ——供应商 i 与供应商 l 之间的配合程度,$l \in \{1,2,...,I\}$,也用五个级别表示,$r_{il} \in \{1,2,3,4,5\}$ 代表配合程度由高到低

α ——事先给定的模糊机会约束条件的置信水平,$0 \leq \alpha \leq 1$

M ——一个很大的数

决策变量

x_{ij}^k ——表示分配给供应商 i 的客户 j 的第 k 阶段的服务量

$y_j^k = \begin{cases} 1, & \text{表示供应商 } i \text{ 为客户 } j \text{ 提供第 } k \text{ 阶段的服务} \\ 0, & \text{否则} \end{cases}$

3. 模型构建

基于上述问题描述与分析,构建服务供应链调度模型 P 如下:

$$\min Z_1 = \sum_{i=1}^{I}\sum_{j=1}^{J}\sum_{k=1}^{K} C_{ij}^k x_{ij}^k \tag{4-1}$$

$$\min Z_2 = \sum_{i=1}^{I}\sum_{j=1}^{J}\sum_{k=1}^{K} t_{ij}^k y_{ij}^k \tag{4-2}$$

$$\min Z_3 = \sum_{i=1}^{I}\sum_{j=1}^{J}\sum_{k=1}^{K} p_{ij}^k y_{ij}^k + \sum_{i=1}^{I}\sum_{l=1}^{I}\sum_{j=1}^{J}\sum_{k=1}^{K-1} r_{il} y_{ij}^k y_{lj}^{k+1} \tag{4-3}$$

$$s.t. \quad P\{\sum_{j=1}^{J}\sum_{k=1}^{K} x_{ij}^k \leq \tilde{Q}_i\} \geq \alpha, \quad i=1,2,...I \tag{4-4}$$

$$\sum_{i=1}^{J} x_{ij}^k = D_j^k, \quad j=1,2,...J, \quad k=1,2,...K \tag{4-5}$$

$$x_{ij}^k \geq 0, \quad i=1,2,...I, \quad j=1,2,...J, \quad k=1,2,...K \tag{4-6}$$

$$y_{ij}^k = \begin{cases} 1, & x_{ij}^k > 0 \\ 0, & \text{否则} \end{cases}, \quad i=1,2,\ldots I,\ j=1,2,\ldots J,\ k=1,2,\ldots K \tag{4-7}$$

模型 P 有三个目标函数，式（4-1）是使供应链的总服务成本最小化，式（4-2）表示所有订单的总服务时间最小化，式（4-3）表示使所有供应商的偏好满足程度级别与相邻服务阶段的供应商之间配合程度级别的总和最小化。由于偏好满足程度与配合程度的级别越小，满足与配合程度越高，因此，式（4-3）实际上意味着让供应商的满意度最大化。约束条件（4-4）表示"给每个供应商分配的服务量总和不大于供应商的模糊能力限制"这一约束条件成立的概率不低于置信水平 α；式（4-5）表示只有满足客户对服务时间的限制的供应商才有机会提供服务；式（4-6）是决策变量 x_{ij}^k 的取值约束；式（4-7）是决策变量 y_{ij}^k 的取值约束和取值条件。

（四）求解算法分析

模型 P 是带有模糊机会约束的混合整数多目标规划模型。处理带有模糊参数的机会约束的传统方法是将机会约束转化为它的清晰等价类。求解多目标规划的一般方法是将多目标问题转化为单目标问题求解。由于模型决策变量既有 0-1 整数也有实数，模型目标函数包括线性函数和非线性函数，为了在合理时间内取得满意解，这里采用遗传算法对模型进行求解。遗传算法不存在对函数连续性和求导的限定，具有并行优化能力和更好的全局寻优能力，能够自适应地调整搜索方向，因此能够非常有效地求解该模型。算法步骤如下。

1. 模糊机会约束的处理

根据 Zadeh（1965）提出的模糊集的概念和定义，以及 Zadeh（1978）提出的可能性理论，模糊数 $\tilde{a}$ 小于等于清晰数 b 的概率为

$$Pos\{\tilde{a} \le b\} = \sup\{\mu_{\tilde{a}}(x) \mid x \in R,\ x \le b\}. \tag{4-8}$$

结合 Liu 和 Iwamura（1998）提出的带有模糊参数的机会约束规划的理论框架，当 $h(x)$ 是决策变量 x 的函数，ξ 是模糊数，其隶属度函数为 $\mu(\xi)$ 时，对于机会约束

$$Pos\{h(x) \leq \xi\} \geq \alpha \qquad (4\text{-}9)$$

必然存在 K_α 使得

$$Pos\{K_\alpha \leq \xi\} = \alpha \qquad (4\text{-}10)$$

如果用较小的数 K'_α 代替 K_α,则可能性 $Pos\{K_\alpha \leq \xi\}$ 将随之增加,因为

$$Pos\{K_\alpha \leq \xi\} = \sup\{\mu(\xi) \mid \xi \geq K_\alpha\} \leq \sup\{\mu(\xi) \mid \xi \geq K'_\alpha\} = Pos\{K'_\alpha \leq \xi\}$$

因此,机会约束(4-9)等价于

$$h(x) \leq K_\alpha,$$

其中,K_α 是满足式(4-10)的最大值,即

$$K_\alpha = \sup\{K \mid K = \mu^{-1}(\alpha)\} \qquad (4\text{-}11)$$

其中,μ^{-1} 是 μ 的反函数。

根据以上分析,当服务供应商 i 的服务能力是三角模糊数 $\tilde{Q}_i = (Q_{i1}, Q_{i2}, Q_{i3})$,其模糊隶属度函数和图像如下:

$$\mu(Q_i) = \begin{cases} \dfrac{Q_i - Q_{i1}}{Q_{i2} - Q_{i1}}, & Q_{i1} \leq Q_i \leq Q_{i2} \\ 1, & Q_i = Q_{i2} \\ \dfrac{Q_i - Q_{i3}}{Q_{i2} - Q_{i3}}, & Q_{i2} \leq Q_i \leq Q_{i3} \\ 0, & \text{其他} \end{cases}$$

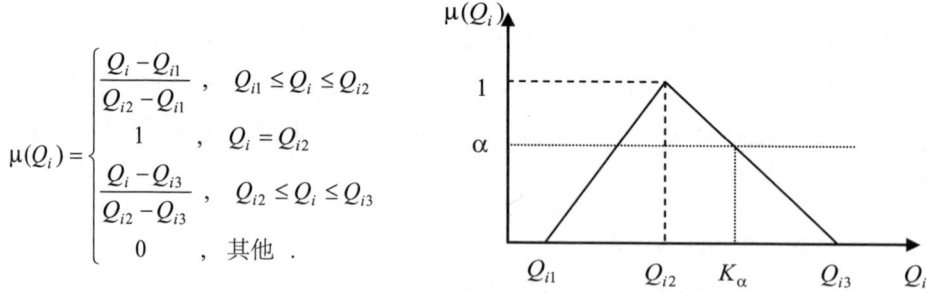

图 4-2 隶属度函数及其示意图

根据式(4-11),可将原模型 P 的模糊机会约束(4-4)转化为如下清晰等价类:

$$\sum_{j=1}^{J}\sum_{k=1}^{K} x_{ij}^k \le Ka = (1-a)Q_{i3} + aQ_{i2}, \quad i=1,2,\ldots I \qquad (4\text{-}12)$$

2. 一般约束条件的处理

对约束条件（4-5）的处理方法是，读入客户需求时间矩阵 $A(T_j^k)$ 和供应商服务时间矩阵 $B(t_{ij}^k)$。若 $t_{ij}^k > T_j^k$，则令对应的决策变量 x_{ij}^k 的取值上限为 0，相应的 y_{ij}^k 也为零，即如果供应商预计的服务时间超过客户规定服务时间，则该供应商不能提供此项服务。

由于决策变量和约束条件较多，为了让算法能在有效时间内取得满意解，采用罚函数法将模型 P 的约束条件（4-6）和约束条件（4-12）加入到目标函数中，罚函数形式如下：

$$G = M\sum_{i=1}^{M}[\min(0,(1-\alpha)Q_{i3}+\alpha Q_{i2} - \sum_{j=1}^{J}\sum_{k=1}^{K} x_{ij}^k)]^2 + M\sum_{j=1}^{J}\sum_{k=1}^{K}(\sum_{i=1}^{m} x_{ij}^k - D_j^k)^2 \qquad (4\text{-}13)$$

其中，M 是一个充分大的正数，也即罚因子。可见，当约束条件（4-6）和（4-12）都被满足时，罚函数值为零。

3. 多目标的处理

采用线性加权的方法，将多目标优化问题转为单目标优化问题。由于模型 P 的三个目标函数分别对应服务成本、服务时间和供应商满意度，目标间的量纲不一样，因此首先要对目标函数进行无量纲化处理。决策环境不同，决策者（服务集成商）对三个目标的侧重就会有所不同，供应链调度的结果也因此发生变化。例如，当决策期内提出需求的客户多数为新客户，或者决策者和供应商的现金流比较紧张，那么决策者会加大服务时间的权重，希望能在更短时间内满足客户需求，既能提高客户满意度，又能加速资金回收；若决策期内能够提供服务的供应商多数为新开发的供应商，为了增加供应商的黏性，提高供应商满意度就变得非常重要。因此，模型的目标函数可变为如下形式：

$$Z = a \times \frac{Z_1}{\min Z_1} + b \times \frac{Z_2}{\min Z_2} + c \times \frac{Z_3}{\min Z_3} + G \qquad (4\text{-}14)$$

其中，$\min Z_1$，$\min Z_2$，$\min Z_3$ 是分别求解单目标时模型取得的最小值。a，b，c 分别是服务成本、服务时间和供应商满意度的权重，并且

$a+b+c=1$。

4.算法步骤设计

A.编码方式

采用实数编码的方式,染色体长度为决策变量 x_{ij}^k 的个数。x_{ij}^k 可以取 $[0, D_j^k]$ 之间的任意实数。当 x_{ij}^k 小于 0 时,y_{ij}^k 等于 0;反之,y_{ij}^k 等于 1。

B.选择算子

选择算子采用 matlab 遗传算法工具箱的随机一致选择规则:对种群中的染色体按照适应度大小分别赋予选择概率 prob,适应度较小的选择概率较大(因为这里是求最小值)。将选择概率标准化后,染色体被对应到区间 [0, 1] 的不同区段,适应度较小的染色体区段范围较大,即该染色体被选择的概率较大。假设需要进行交叉和变异操作的父代个数为 F,随机生成 1 个(0, 1/F)之间的随机数 rand,第 f(f=1, …, F)个父代位于染色体选择概率区间的位置指针是 1/F×(f−1)+rand。位于染色体选择概率区间中的指针个数,就是该染色体被选为父代的次数。

C.交叉算子

在交叉算子的设计上,采用了精英保留策略,父代中一定比例的精英个体不经过交叉和变异直接转到子代,其他子代则由父代交叉和变异产生。交叉方法采用随机交叉方式:假设编码长度为 L,产生 L 个(0, 1)之间的随机数 rand,当第 l 位编码对应的 rand>=0.5 时,子代的第 l 位编码从父代 1 的第 l 位获得;当 rand<0.5 时,子代的第 l 位编码从父代 2 的第 l 位获得。如果子代违反了取值约束,则采用算数交叉的方式重新产生子代:子代 = γ × 父代 1+(1−γ)× 父代 2,其中 γ 是(0, 1)之间的随机数。

D.变异算子

变异方式为随机选取父代染色体,在父代个体基础上加上随机数,并且变异步长随迭代次数的增加而逐渐减小。

E.加速机制

由于模型决策变量 x_{ij}^k 的个数为 M×K×N,故染色体长度为 M×K×N。当供应商个数 M、服务阶段 K 和客户数量 N 较大时,计算复杂度急速增加。为了提高运算效率,对决策变量进行如下处理:当客户需求量 D_j^k 为零时,令

$x_j^k (i \in I)$ 为零；当 $t_j^k > T_j^k$ 时，令 $x_j^k (i \in I)$ 为零。进一步的，将为零的决策变量剔除，使染色体长度变短，从而减少交叉和变异过程中对为零决策变量的无效操作，达到提高运算速度的目的。

F. 停止准则

当程序的迭代次数达到设定的最大迭代次数时，停止运算。

（五）算例分析

1. 算例描述

随机生成一个 M×K×N 为 8×4×5 的算例，即某服务企业提供的定制服务可以分为 4 个基本阶段，客户可以对 4 个阶段的服务量和服务时间进行个性化设定。某调度期内，服务企业接收到 5 个客户订单，通过对服务供应商进行询价，发现有 8 家服务供应商能在未来一段时间提供一定程度的服务能力。供应商能力参数和配合度参数如表 4-1 和表 4-2 所示，客户需求参数和供应商的供给参数（服务成本、服务时间和订单偏好）如表 4-3 所示。服务企业要设计供应链调度方案，以使三类调度目标的加权和最小。服务成本、服务时间和供应商满意度的权重 a，b，c 分别为 0.6，0.25，0.15，供应商服务能力的模糊机会约束条件的置信水平 α 为 80%。

表 4-1　服务供应商模糊能力参数

供应商索引	S1			S2			S3			S4		
模糊服务能力	8	11	41	8	14	41	9	27	44	8	22	48
供应商索引	S5			S6			S7			S8		
模糊服务能力	6	31	43	8	20	48	7	25	55	9	29	45

表 4-2　服务供应商之间的配合度参数

供应商＼供应商	S1	S2	S3	S4	S5	S6	S7	S8
S1	1	1	4	4	3	4	5	4
S2	1	1	3	4	3	5	1	2
S3	4	3	1	5	1	2	5	2

续表

供应商＼供应商	S1	S2	S3	S4	S5	S6	S7	S8
S4	4	4	5	1	3	1	3	2
S5	3	3	1	3	1	3	4	1
S6	4	5	2	1	3	1	5	2
S7	5	1	5	3	4	5	1	2
S8	4	2	2	2	1	2	2	1

表 4-3 客户需求参数与供应商供给参数

客户		U1			U2		U3			U4			U5	
服务阶段		H1	H2	H4	H2	H4	H2	H3	H4	H1	H3	H4	H1	H4
服务需求量		15	13	19	10	19	24	24	13	13	9	12	10	10
服务时间限制		13	7	8	15	10	17	15	24	10	11	16	15	9
供应商服务成本	S1	12	15	15	17	7	3	16	3	15	4	8	4	5
	S2	4	13	14	13	5	11	3	3	12	7	11	13	6
	S3	16	4	10	16	9	7	4	12	16	2	8	16	15
	S4	17	10	8	15	16	13	8	11	17	11	17	12	15
	S5	14	11	6	15	4	10	5	10	15	5	8	9	15
	S6	11	13	9	15	11	15	14	5	8	6	13	3	17
	S7	13	12	10	5	11	11	4	4	16	2	11	17	14
	S8	5	15	7	13	12	15	8	13	11	10	4	3	6
供应商服务时间	S1	27	7	20	37	8	31	12	26	33	26	21	5	8
	S2	7	24	27	22	5	18	35	6	33	32	13	21	18
	S3	7	3	23	30	11	32	22	16	5	15	11	15	5
	S4	19	11	5	19	13	31	21	27	19	3	19	30	15
	S5	31	12	31	13	20	20	6	28	7	27	17	18	36
	S6	13	34	34	11	21	16	36	3	30	10	18	24	33
	S7	24	11	25	5	5	36	11	18	4	30	21	30	7
	S8	16	15	34	13	36	29	5	31	7	26	24	12	28

续表

客户		U1			U2		U3			U4			U5	
供应商订单偏好	S1	4	2	1	4	4	2	2	4	4	3	1	2	2
	S2	4	3	3	4	2	5	1	1	4	3	2	5	3
	S3	2	1	2	2	4	1	2	1	2	3	3	3	2
	S4	1	1	4	1	2	3	2	1	3	4	3	3	3
	S5	2	3	2	4	4	5	3	4	3	1	2	4	1
	S6	3	1	5	2	1	4	3	2	3	1	2	4	3
	S7	3	3	4	3	3	3	3	3	3	1	2	5	2
	S8	4	3	1	3	4	5	4	3	3	4	4	1	2

2. 算例结果

使用 MATLAB 软件编程，经过多次反复试验，确定较为适合的算法参数是：种群规模 1500，精英保留比例 10%，交叉概率 0.8，迭代次数 1000。对算例计算 50 次，平均计算时间为 742.55s，计算效率较高；目标函数平均值为 1.0313，最优值为 1.0113，最差值为 1.0619，与平均值的偏差分别为 1.93% 和 2.97%，说明计算结果较稳定，算法的鲁棒性较好。最优调度方案对应的服务成本、服务时间和供应商满意度分别为 1617.8，220，125。最优调度方案如表 4-4 所示。

表 4-4 算例结果

客户 \ 服务阶段	H1	H2	H3	H4	实际服务时间/服务时间限制期
U1	S2（10.84） S3（4.16）	S1（4.44） S3（8.56）		S4（19.00）	67.86%
U2		S5（6.66） S8（3.34）		S1（9.29） S2（2.00） S7（7.71）	84%
U3		S6（24.00）	S5（8.04） S7（10.91） S8（5.05）	S3（3.83） S7（9.17）	80%

续表

客户＼服务阶段	H1	H2	H3	H4	实际服务时间／服务时间限制期
U4	S5（5.43） S8（7.56）		S4（8.00） S6（1.00）	S2（5.44） S3（6.56）	81%
U5	S1（1.58） S8（8.42）			S1（1.31） S3（5.71） S7（2.98）	83%

调度方案给出了客户各需求阶段的最优供应商及其服务任务分配量，并且客户服务需求量及服务限制期都被完全满足，实际服务时间也比客户规定的最迟交付时间有较大程度的减少。

进一步地，在供应商满意度方面，供应商的平均订单偏好满足度为2.69，方差0.42，订单偏好得到最高满足的是供应商S3，因为其平均服务成本较低，平均服务时间最短，与其他供应商的配合度也最好，因而占据一定优势，在调度中被优先选择；供应商的平均配合程度为3.12，方差为0.71，其中配合度最低的为供应商S4，因为它跟大多数供应商的配合程度都不高，而它的服务时间和服务成本又不占据显著优势，因而它只被选择负责两个客户的其中两个阶段的服务，显示出调度方案的合理性。总体上，调度模型与算法针对模糊环境下的SMC供应链调度优化问题给出了较好的求解结果。

（六）本章小结

SMC模式下的供应链调度面临很多不确定因素，其中之一便是服务供应商的服务能力不确定性。加强对供应商需求的关注，将供应商的满意度作为调度决策的优化目标，有助于提高供应商的协作水平，进而提升服务能力与服务质量的稳定性。

本章首先从SMC模式下的服务供应链的供给端角度出发，对供应链的服务集成特性、动态联盟特性、服务供应商的相互制约特性等进行了描述和分析，将供应商的需求偏好和配合程度作为反应供应商满意度的两个维度并在供应链调度时进行优化；其次，在上述分析基础上，结合供应商服务能力的不确定性特征，构建了基于供应商模糊能力的多目标、多阶段供应链调度优化模型，较好模拟了高度个性化服务需求所带来的订单复杂性与服务能力的不确定性；最后，对遗传算法进行了有针对性的设计和改进，并用算例验证了模型与算法的有效性。

本章内容是对第三章基础模型的有效补充，也具有较强的实践价值。

五、服务需求不确定下的调度优化模型与算法

（一）本章引言

本书第四章从供应链的供给端角度，研究了服务能力不确定条件下的供应链调度优化模型。供应商的服务能力与满意度对服务的定制水平有直接的影响。但是，不论是以供应链核心企业（服务集成商）的利益为出发点，还是对服务供应商的利益加强考虑，最终目的都是实现客户满意。

本章从供应链的需求端出发，对客户个性化服务需求的不确定性、多样性等特征进行了分析，以客户满意度作为重要的优化目标，建立了相应的调度优化模型与求解算法。由于不同的服务行业存在差异性的资源类别、需求特征与运作模式，建立一种适用于所有服务行业的供应链调度优化模型是不太现实的，有必要针对具体的服务需求情况展开具体分析。本章以定制旅游服务为例，详细分析了这类服务的定制化需求特征、优化目标与约束条件。对于其他类型的定制服务，本章内容具备较强的参考价值。

（二）服务需求不确定性特征分析

1. 定制旅游服务研究现状

随着经济社会的发展，游客在旅游消费中更加注重其个性化、差异化的旅游体验，旅游大规模定制模式（Tourism Mass Customization，TMC）应运而生。TMC 即旅游企业通过让顾客参与旅游产品组合定制，开发差别性旅游产品并进行模块化设计的一种个性化的体验式经营模式（程德通，2011）。在 TMC 模式下，旅游企业一方面需要通过寻求"规模效应"探索降低服务成本的途径；另一方面需要通过满足游客的个性化需求实现"定制"的目的（徐扬等，

2016）。显然，TMC 模式成功的关键是需要解决"定制化"与"规模化"之间的平衡关系问题，而该问题的解决离不开合理的供应链调度优化过程。实现 TMC 模式下的供应链调度优化，提升旅游供应链调度的精准性和柔性水平的前提是需要解决旅游活动中的规模效应的量化处理问题，阐明规模效应与服务成本之间的量化关系。

目前，围绕 TMC 及供应链调度优化问题的研究一致认为 TMC 是在旅游进入买方市场，旅游消费需求日趋多样化情形下的必然选择（Leiper，1979；姚建明，2014）。实现 TMC 需要通过加强对旅游供应链的管理调度以及对旅游产品的模块化设计等方式提升旅游大规模定制中的规模效应。然而，目前对于旅游大规模定制模式的研究提出了实现旅游大规模定制模式的理念，比如进行旅游产品模块化设计（程德通，2011）、旅游企业需要与旅游供应链上的企业加强战略合作等方式（战勇，2012）。但对于实现产品模块化设计等方式以后，其规模效应如何衡量以及引入规模效应之后旅游供应链上的核心企业如何对旅游供应链上的资源及协作商进行调度优化以满足游客个性化消费需求是迫切需要研究和推进的理论问题。

旅游业虽然属于服务业，但相对于服务大规模定制而言，旅游大规模定制具有明显的独特性。首先，相对于一般服务业，旅游业具有明显的综合性特征，是集食、住、行、游、购、娱为一体的综合性活动（刘民坤、何华，2013），同时旅游业与服务业在资源依托以及产品形成等方面与服务业具有巨大差别，属于不同的产业概念（喻小航，2003）；其次，旅游过程中存在明显的多阶段性及服务内容的模糊性特征（莫曙利，2016），即旅游活动可以明显地划分为旅游前、旅游中、旅游后三阶段，并且旅游过程中又可以景点为分界点划分多个阶段，每阶段旅游活动包含食、住、性、游、购、娱等模块，这种多阶段性及内部存在的模块化特征为探求旅游大规模定制中的规模效应量化问题提供了可能。因此，基于旅游大规模定制过程中存在的特点，研究基于多阶段规模效应量化的旅游大规模定制的供应链调度优化具有重要的理论及实践意义。

2. 定制旅游活动的多阶段性特征

TMC 模式下，虽然游客的定制化特征明显，但是任何旅游活动都具有明显的多阶段性特征。采用本书第二章提出的模糊划分方法，旅游活动可以按时间顺序划分为旅游前、旅游中和旅游后三个阶段，同时在旅游中阶段，以游客选择的旅游景点为分界点，又可划分为多个阶段，每个阶段都包含食、住、行、游、购、娱等要素的参与。每个阶段的游客服务需求既具有差异化特征，同时又具有很强的相似性。

旅游前阶段，即游客旅游出发之前的阶段。基于旅游大规模定制理念，旅游企业在开发多样化产品满足游客定制化需求的同时需要尽可能提升产品的模块化水平以提升旅游活动的规模化水平。其中，对产品进行模块化开发与设计是提升 TMC 模式下规模化水平的重要途径。此阶段，顾客旅游消费需求的定制化特征体现在游客对旅行方式、住宿方式、交通方式等消费需求的差异化组合选择中，见表 5-1 所示。为此，旅游企业主要通过加强对旅游产品和服务活动进行模块化设计与开发、对旅游产品的市场营销、与游客协调设计定制化旅游产品和服务以及对旅游订单的分类处理等活动提升顾客需求的规模化水平。

表 5-1 顾客旅游定制化消费需求表

旅行模式	住宿方式	交通方式	…	目的地
组团游	酒店	航空	…	北京
自助游	宾馆	铁路	…	上海
半自驾游	农家乐	公路	…	纽约
…	…	…	…	…
模式（m=1）	模式 2（m=2）	模式 3（m=3）	…	模式 M（m=M）

旅游中阶段，即游客从出发参加旅游活动开始直到旅游活动结束的过程。在旅游中阶段，旅游消费需求具有明显的随机性和动态性，定制化特征明显。具体体现在旅游中阶段内部又具有多阶段性，同时每个阶段内部的食、住、行、游、购、娱等要素需求差异化明显。此时，旅游企业对旅游供应链的柔性调度能力成为影响游客消费体验的关键环节。此阶段尽管游客的消费需求个性化特征明显，但由于旅游前期阶段对产品的模块化设计以及市场营销活动，使得在一定时间阈值内大量需求订单聚集以及每个阶段都具有食、住、行等

六类模块化要素,这为旅游企业通过对相同或相似需求订单的规模化处理提供了可能。旅游企业的目标主要是通过加强对旅游供应链上食、行、住、游、购、娱等协作商的协作及动态调度,在满足游客定制化的旅游需求的前提下提升旅游供应链的规模效应,降低运营成本,不断提升顾客满意度及旅游供应链的协作能力。

旅游后阶段,即游客从旅游活动结束到开始下次旅游前的阶段。在旅游后阶段,旅游企业主要结合游客对旅游服务的评价反馈,对旅游结束后的活动进行整理,优化相关服务及流程,为下一个旅游调度周期做好准备。相对于旅游中阶段旅游需求活动的多样性及随机性特征,旅游后阶段的活动具有较强的常规性,旅游企业可以通过对该阶段活动中评估、反馈、优化等模块化的流程及服务的批量化处理提升该阶段的规模效应。旅游活动的多阶段性特征如图 5-1 所示。

可以看到,TMC 模式下旅游活动各个阶段都存在不同程度、不同种类的需求不确定问题。从服务企业视角来看,想要提高服务的规模效应,降低服务成本,首先要解决的是定制服务在不同阶段的需求规模的不确定性、模糊性问题。

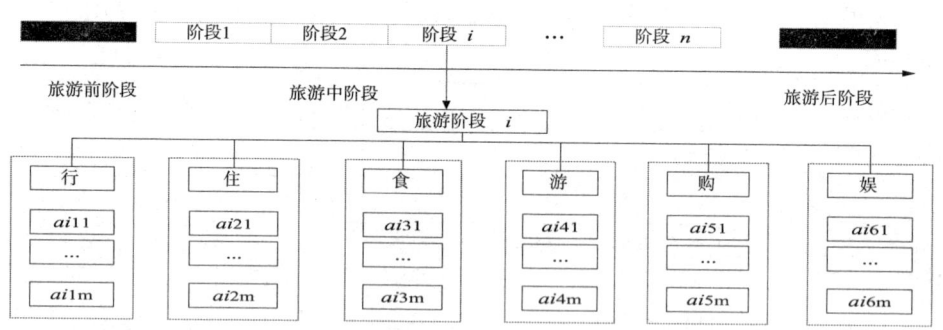

图 5-1　旅游活动中的多阶段性特征图

3. TMC 模式下旅游活动规模效应分析

规模效应(Scale Effect),也称规模经济,即当企业的产量规模达到一定水平后,由于各生产要素的有机结合产生了 1+1>2 的效应,平均成本呈现下降的趋势。但是,根据经济学原理,规模效应并不是无限增大的,一般来说随着企业规模的扩大,服务订单量的增加,可以通过降低生产或服务活动的边际成本出现规模效应。但是当生产或服务规模超过一定的产量，由于管理协调复杂性的提高以及适应定制变化环境能力的下降会出现边际成本逐步提高的现象，即规模不经济。旅游大规模定制中存在同样的问题，当旅游服务规模（主要体现在对相同或相似订单或服务模块的处理上）低于 Q^* 时，旅游企业可以通过对供应链协作商的调度实现对相似订单的规模化处理，进而降低单位服务成本。但是，当旅游服务规模超过最优量 Q^* 时，旅游企业需要调度更多的供应链协作商对游客的个性化订单进行处理，相应的管理、协调成本出现逐步增加的规模不经济的现象。旅游大规模定制中规模效应原理如图 5-2 所示。由此可知，TMC 模式中规模效应的实现是有范围的，旅游企业不应该简单追求规模效应，而是需要通过对旅游供应链上协作企业及游客订单需求的调度实现游客个性化需求、协作商服务协作能力的平衡来实现规模效应的最优化。因为当模块化设计组合太多或服务规模超出一定范围时，受到服务资源约束以及协作成本提升的影响容易对游客的定制化服务需求质量造成损害。

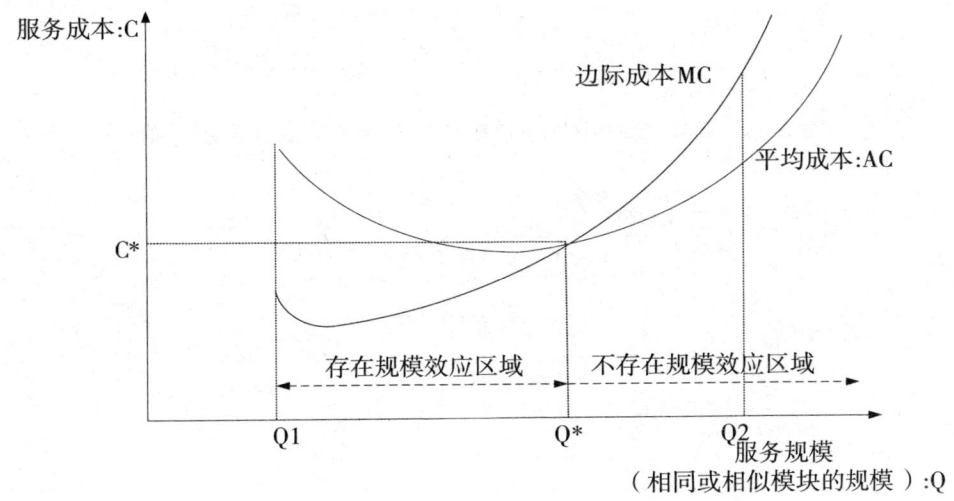

图 5-2　旅游大规模定制中的规模效应分析图

4. TMC 模式下旅游活动多阶段模糊规模效应的量化处理

生产型企业的大规模定制模式（Mass Customization, MC）主要通过对产品的批量生产获得规模效应。然而，由于 TMC 模式下顾客的消费需求具有模糊性以及服务的不可存贮性等特点,其规模效应无法通过简单的批量生产模式进行衡量。模糊数学理论是研究模糊现象,处理不确定性及不精确性问题的理论方法。由于TMC模式中游客服务需求属性具有模糊性,即其相应的规模效应需要在考虑模糊性条件下进行量化处理。

根据模糊数学的原理方法,处理TMC模式中的规模效应量化问题需要根据相应的因素集、评语集以及隶属度函数综合确定。基于TMC模式下规模效应的经济学分析,其规模效应呈现出随着规模化程度的提升先增加后降低的变化过程,因此可以采用三角隶属度函数描述其中的隶属度函数矩阵 R。

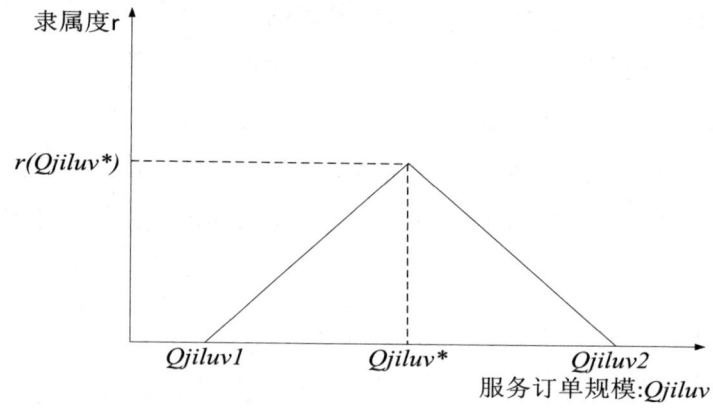

图 5-3 TMC模式中规模效应模糊隶属度的确定及示意图

$$r_{jiulv}(Q_{jiulv}) = \begin{cases} \dfrac{Q_{jiulv} - Q_{jiulv1}}{Q_{jiulv2} - Q_{jiulv1}}, & Q_{jiulv1} \leq Q_{jiulv} \leq Q_{jiulv2} \\ 1, & Q_{jiulv} = Q_{jiulv2} \\ \dfrac{Q_{jiulv} - Q_{jiulv3}}{Q_{jiulv2} - Q_{jiulv3}}, & Q_{jiulv2} \leq Q_{jiulv} \leq Q_{jiulv3} \\ 0, & 其它 \end{cases} \quad (5-1)$$

其中,Q 代表旅游服务属性中相同或相似服务模块的的规模化水平,其计算方式可以通过概率统计的方法进行计算。

设在时间阈值 T 内,旅游企业共接到 J 个订单,每个订单索引为 j,其中 $j=1, 2, \cdots, J$。每个旅游订单都包含旅游前、旅游中及旅游后的完整服务内容,

设订单划分阶段为 I,每个阶段索引为 i,其中 $i=1,2,\cdots I$;同时,由于在每个阶段 i 中,订单包含不同的需求属性 U,如旅游中阶段基本包含住、行、食、游、购、娱等主要旅游需求属性,设每种需求属性为 u ($u=1,2,\cdots,U$);因为每种属性又包含不同的服务活动内容,比如旅游订单对住宿方面可能包括酒店、宾馆、农家乐、青年旅社等不同需求,设每种旅游需求属性下的服务活动内容索引为 v ($v=1,2,\cdots V$),在每个旅游阶段 i,共有 Li 个旅游供应链协作商,每个协作商的索引为 il,协作商 il 对游客需求属性 $jiuv$ 进行处理时的索引为 $jiluv$,其服务成本为 $cjiluv$。

虽然 TMC 模式下的游客需求属性具有较强的个性化特征,但是通过对订单的分类和模块化处理,时间阈值 T 内的旅游订单仍存在较大的相似性,这为 TMC 模式下规模效应的实现提供了可能。以某一旅游中阶段 i 为例,即时间阈值 T 内共接到 J 个订单,其中对住宿需求方面,选择酒店的订单有 $pjil11$ ($1 \leq pjil11 \leq J$) 个,选择宾馆的订单有 $pjil12$ ($1 \leq pjil12 \leq J$) 个,则在 J 个订单中,住酒店的订单规模可表示为 $Qjil11=pjil11/J$,住宾馆的订单规模可表示为 $Qjil12=pjil12/J$,其他可类似表示。则该订单在旅游阶段 i,其行、住、食等不同服务需求属性 u 的不同服务需求内容 v 的订单规模可表示为 $Qjiluv=pjil11/J$,如图 5-4 所示。

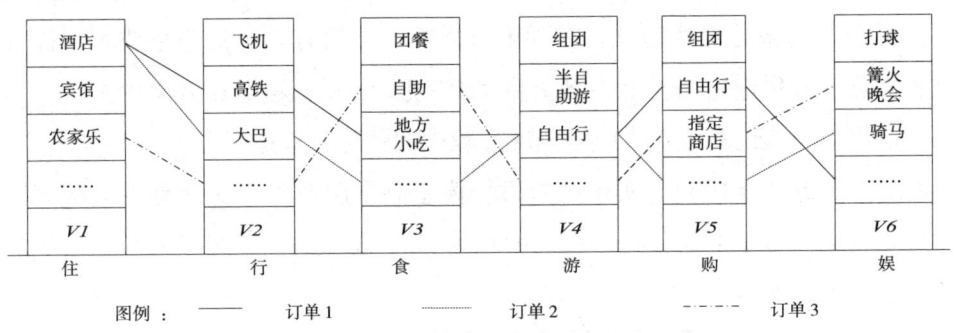

图 5-4 旅游中某阶段 i 的规模效应的寻求图示

通过公式(5-1)可计算出每个游客订单不同属性规模效应的隶属度 r ($Qjiluv$)。由每种游客需求属性规模效应的隶属度构成的隶属度矩阵为 R ($Qjiluv$)。根据模糊数学原理,设每种需求属性的规模效应权重集为 $Bjiluv=\{b1jiluv, b2jiluv, ...bujiluv\}$,且 $b1jiluv+b2jiluv+,...+bujiluv=1$。则每个游客订单中游客需求属性的规模效应可表示为：sejiluv=Bjiluv*Rjiluv=（se1jiluv, se2jiluv, ...seujiluv），根据隶属度最大原则，其相应的规模效应为sejiluv=max（se1jiluv, se2jiluv, ...seujiluv）。即旅游服务活动的规模提升一个单位，服务成本cjiluv降低sejiluv个单位。

由于TMC模式下的旅游供应链调度是动态性调度过程，设调度时刻为t，定义变量fjiluv（t），当旅游订单被供应链上的协作商il处理时，fjiluv（t）=1；否则fjiluv（t）=0。考虑规模效应后，旅游大规模定制中，旅游供应链为满足游客的定制化需求而产生的服务总成本可表示为：

$$C = \sum_{j=1}^{J} \sum_{i=1}^{I} \sum_{l=1}^{L} \sum_{u=1}^{U} \sum_{v=1}^{V} [1 - se_{jiluv}(t)] \cdot c_{jiluv}(t) \tag{5-2}$$

至此，从经济学角度对TMC模式下旅游活动中的规模效应进行了阐释，基于旅游活动中存在的多阶段性、模块化及模糊性特征，通过模糊数学的方法建立起旅游活动的规模效应与服务成本之间的关系，为实现TMC模式下的供应链精准柔性调度奠定了基础。

（三）考虑客户满意度与模糊需求的调度优化模型

1.调度优化目标

在TMC模式下，旅游企业通过对旅游供应链上旅游协作商的动态调度满足游客个性化旅游消费需求。在调度过程中，如何有效降低服务成本、提升顾客满意度及供应链协作能力是衡量TMC模式下供应链调度效果的关键。为此，运用相关理论对旅游供应链调度过程中的优化目标进行分析。

（1）服务成本优化。实现旅游大规模定制中服务成本优化是供应链调度的重要目标。基于上述分析，在调度时刻t，考虑旅游活动规模效应之后供应链的总服务成本为：

$$C = \sum_{j=1}^{J} \sum_{i=1}^{I} \sum_{l=1}^{L} \sum_{u=1}^{U} \sum_{v=1}^{V} [1 - e_{jiluv}(t)] \cdot c_{jiluv}(t) \tag{5-3}$$

（2）顾客满意度。TMC模式下旅游企业注重满足游客的差异化需求和顾客参与，追求实现顾客满意度的最大化是旅游企业追求的目标之一。

TMC模式中，旅游服务提供的准时性因素对顾客满意度具有正向影响（卢小丽、付帼，2018）。当旅游供应链上的协作商能够在顾客期望时间[EDT_{jiluv},

LDT_{jiluv}] 准时为游客提供游客所需服务时，顾客满意度为 1；当旅游供应链上的协作商在顾客期望服务时间点与其可接受的时间点之间提供游客所需服务时，即当旅游服务在时间段 $[ET_{jiluv}, EDT_{jiluv}]$ 及 $[LDT_{jiluv}, LT_{jiluv}]$ 提前或延迟提供时，顾客满意度处于 [0~1] 之间；否则，顾客的满意度将为 0。由此可知，旅游大规模定制中游客的旅游服务满意度受服务时间提供准时性的弹性影响，而模糊时间窗是一种描述顾客弹性服务时间偏好的时间窗。模糊时间窗可以将顾客满意度表示为时间 T 的凸模糊数。定义顾客满意度函数为 S_{jiluv}，旅游供应链的协作商提供服务的时间为 T_{jiluv}。带模糊时间窗的顾客满意度函数见式（5-4）-（5-5）所示。

$$S_{jiluv}(t)=\begin{cases}(T_{jiluv}-ET_{jiluv})/(EDT_{jiluv}-ET_{jiluv}), & t_i\in[ET_{jiluv},EDT_{jiluv}]\\ 1, & t_i\in[EDT_{jiluv},LDT_{jiluv}]\\ (LT_{jiluv}-T_{jiluv})/(LT_{jiluv}-LDT_{jiluv}), & t_i\in[LDT_{jiluv},LT_{jiluv}]\\ 0, & t_i\notin[ET_{jiluv},LT_{jiluv}]\end{cases} \quad (5-4)$$

则在调度时刻 t，整个旅游活动的顾客满意度为：

$$S(t)=\sum_{j=1}^{J}\sum_{i=1}^{I}\sum_{l=1}^{L}\sum_{u=1}^{U}\sum_{v=1}^{V}S_{jiluv}(t) \quad (5-5)$$

（3）供应链协同水平。TMC 模式中处于旅游供应链核心地位的旅游企业应加强与供应链上其他成员的战略合作，提升供应链的协同水平和管理能力。其中，供应链的协同水平可通过协作商对旅游订单中不同需求属性的精准匹配程度进行评价。由于旅游服务需求具有较强的模糊性，因此此处将通过引入模糊数学的方法进行协同水平的测量。测量时，首先通过旅游订单中游客的不同需求属性与供应链上不同协作商提供的旅游服务属性匹配的精准度因素集及其评语集计算得出模糊综合评判矩阵 R_{jiluv}；其次，设定不同评判指标构成的权重向量为 W_{jiluv}；再有，通过相应的模糊变换及归一化处理，选择适当的模型合成算子计算得出对旅游订单处理的供应链的协同度 $X_{jiluv}=W_{jiluv}*R_{jiluv}$；进而，根据隶属度最大原则即可确定供应链的协同水平。

$$R_{jiluv}(t)=\begin{bmatrix}r_{11} & r_{12} & ... & r_{1q}\\ r_{21} & r_{22} & ... & r_{2u}\\ ... & ... & ... & ...\\ r_{p1} & r_{p2} & ... & r_{pq}\end{bmatrix}$$

$$w_{jiluv} = (w_1, w_2, \ldots w_p),$$

则 $X(t)_{jiluv} = w_{jiluv} \cdot R_{jiluv}(t) = (x_1, x_2, \ldots x_q)_{jiluv}$

根据隶属度最大原则，供应链协同水平为 $maxX(t)jiluv$。则在调度时刻 t，整个供应链的协同水平为：

$$X(t) = \sum_{j=1}^{J}\sum_{i=1}^{I}\sum_{l=1}^{Li}\sum_{u=1}^{U}\sum_{v=1}^{V} \{\max[w_{jiluv} \cdot R_{jiluv}(t)]\} \cdot f_{jiluv}(t) \quad (5\text{-}6)$$

2. 调度优化模型

据上述分析可知，TMC 模式下旅游供应链调度优化过程属于典型的多目标优化问题，相关参数及其优化模型如下：

$$\min Z_1 = \sum_{j=1}^{J}\sum_{i=1}^{I}\sum_{l=1}^{Li}\sum_{u=1}^{U}\sum_{v=1}^{V} [1 - e_{jiluv}(t)] \cdot c_{jiluv}(t) \cdot f_{jiluv}(t) \quad (5\text{-}7)$$

$$\max Z_2 = \sum_{j=1}^{J}\sum_{i=1}^{I}\sum_{l=1}^{Li}\sum_{u=1}^{U}\sum_{v=1}^{V} S_{jiluv}(t) \cdot f_{jiluv}(t) \quad (5\text{-}8)$$

$$\max Z_3 = \sum_{j=1}^{J}\sum_{i=1}^{I}\sum_{l=1}^{Li}\sum_{u=1}^{U}\sum_{v=1}^{V} \{\max[w_{jiluv} \cdot R_{jiluv}(t)]\} \cdot f_{jiluv}(t) \quad (5\text{-}9)$$

其中，约束条件为：

$$\sum_{j=1}^{J}\sum_{i=1}^{I}\sum_{l=1}^{Li}\sum_{u=1}^{U}\sum_{v=1}^{V} A_{DEMjiluv}(t) \leq \sum_{j=1}^{J}\sum_{i=1}^{I}\sum_{l=1}^{Li}\sum_{u=1}^{U}\sum_{v=1}^{V} A_{SUPjiluv}(t) \quad (5\text{-}10)$$

$$\sum_{j=1}^{J}\sum_{i=1}^{I}\sum_{l=1}^{Li}\sum_{u=1}^{U}\sum_{v=1}^{V} S_{jiluv}(t) \geq S^*, \quad 且 \quad S_{jiluv}(t) \geq s^* \quad (5\text{-}11)$$

$$\sum_{l=1}^{Li} f_{jiluv}(t) = 1 \quad (5\text{-}12)$$

其中，优化目标函数中，公式（5-7）是引入旅游活动规模效应之后的旅游服务成本最小化目标函数，公式（5-8）为顾客满意度最大化目标函数；公式（5-9）为旅游供应链协同水平最大化目标函数。

在约束条件中，公式（5-10）代表动态服务能力约束关系，$ADEM.jiluv(t)$ 为游客对供应链服务能力的需求，$ASUP.jiluv(t)$ 为供应链上的协作商对游客需求的服务能力供给。公式（5-11）为顾客满意度约束。即旅游供应链的协作商的服务应该满足顾客满意度最低标准；公式（5-12）表示旅游服务处理的归属唯一性约束，即每一个服务需求属性应该有唯一的协作商完成。

（四）求解算法分析

基于多阶段规模效应量化的 TMC 模式下的供应链调度优化模型实质是带约束的多目标优化模型，求解较为复杂，属于 NP 难问题。实现 TMC 模式下的供应链调度优化需要在一定约束条件下权衡引入规模效应的供应链服务成本、顾客满意度、供应链协同度等多维调度目标。

蚁群算法有处理大规模定制模式下的多目标约束条件下的复杂模型求解、多属性特征的便携性、全局收敛速度快等众多优点。此处针对 TMC 模式下的供应链调度优化问题，选取蚁群算法进行改进设计求解。

根据蚁群算法的原理，TMC 模式下的供应链调度过程中每类蚂蚁可根据旅游订单及订单中不同阶段进行划分。设每类蚂蚁用 A_{ij}（$i=1, 2, \cdots, n$；$j=1, 2, \cdots, J$）表示。具体设定的路径选择概率如下。

1. 根据引入规模效应后的服务成本最小化规则设定路径的选择概率

设 $\pi(1).ij.il$ 代表 A_{ij} 类蚂蚁经过旅游供应链服务商 il 后遗留信息素量，与引入规模效应后的服务成本最小化目标成反比。故旅游供应链服务商 il 对 A_{ij} 的吸引概率为：

$$P_{(1)A} = \pi_{(1),ij,il} / \sum_{l=1}^{Li} \pi_{(1),ij,il} \quad （5-13）$$

2. 根据顾客满意度最大化规则设定路径的选择概率

设 $\pi(2).ij.il$ 代表 A_{ij} 类蚂蚁经过旅游供应链服务商 il 后遗留信息素量，其与顾客满意度最大化目标成正比。则旅游供应链服务商 il 对 A_{ik} 的吸引概率为：

$$P_{(2)A} = \pi_{(2),ij,il} / \sum_{l=1}^{Li} \pi_{(2),ij,il} \quad （5-14）$$

3. 根据旅游供应链协同度最大化规则设定路径的选择概率

设 $\pi(3).ij.il$ 代表 A_{ij} 类蚂蚁在经过旅游供应链服务商 il 后遗留信息素量，其与供应链协同度目标成正比。故旅游供应链服务商 il 对 A_{ij} 的吸引概率为：

$$P_{(3)A} = \pi_{(3),ij,il} / \sum_{l=1}^{Li} \pi_{(3),ij,il} \quad (5-15)$$

4. 根据约束关系设定路径的排斥概率

TMC 模式下的旅游供应链调度中存在服务商的服务能力约束等问题，由此设定排斥概率解决可能由此形成的蚁流拥塞问题。设非 Aik 类蚂蚁 Auv 通过旅游供应链服务商 il 后遗留信息素量为 $Yuv.il$，则其对 Aik 类蚂蚁的排斥概率为：

$$P_R = Y_{uv,il} / \sum_{l=1}^{Li} Y_{uv,il}; (v=i,u \neq j; v \neq i, u=j; v \neq i, u \neq j) \quad (5-16)$$

由此可知，Aik 类蚂蚁选择供应链服务商 il 的综合概率为：

$$P_{ik,il} = \alpha P_{(1)A} + \beta P_{(2)A} + \gamma P_{(3)A} + \delta(1-P_R) \quad (5-17)$$

上式中 α，β，γ，δ（$0<\alpha$，β，γ，$\delta<1$；$\alpha+\beta+\gamma+\delta=1$）为调整系数，反映了吸引和排斥概率的期望权系数。其中，信息素的更新经算法自动完成。为表示简化，用 Φ 统一代表上述 $\pi(1)$、$\pi(2)$、$\pi(3)$ 和 Y，更新规则为：

$$\phi(t+1) = \phi(t) + \Delta\phi(t,t+1) - \lambda\phi(t) = (1-\lambda)\phi + \Delta\phi(t,t+1) \quad (5-18)$$

其中，$\Phi(t)$ 和 $\Phi(t+1)$ 分别为蚂蚁第 t 次和 $t+1$ 次通过某旅游供应链服务商节点后遗留的总和信息数量；$\triangle \Phi(t, t+1)$ 为 $t+1$ 次遗留信息素量；λ（$0<\lambda<1$）为信息素的挥发系数。具体的算法步骤参考姚建明（2015a，2015b）。

（五）算例分析

目前，TMC 模式下的旅游供应链调度多以旅游企业为核心调度企业。通过对实施旅游大规模定制模式的某旅游企业 A 的相关调研，旅游企业 A 在某一阶段中共有 $s1$，$s2$，$s3$，$s4$，$s5$ 等五个战略合作服务商共同协作满足游客的定制化需求。其中，在旅游前阶段、旅游中阶段及旅游后阶段的五个战略合作服务商在规模效应系数、单位服务成本、顾客满意度、供应链协同水平等优化指标的参数见表 5-2 所示。其中，表中数据是经归一化处理之后的数据。

表 5-2 A 旅游企业实施 TMC 模式中的协作商的调度参数

		S1				S2		
		规模效应系数	单位服务成本	顾客满意度	供应链协同度	规模效应系数	单位服务成本	顾客满意度
旅游前		0.6	0.3	0.85	0.72	0.55	0.51	0.75
旅游中	食	0.33	0.66	0.81	0.45	0.56	0.51	0.86
	住	0.35	0.7	0.65	0.62	0.66	0.42	0.9
	行	0.48	0.64	0.71	0.65	0.33	0.68	0.59
	游	0.14	0.84	0.31	0.35	0.55	0.58	0.6
	购	0.41	0.55	0.71	0.48	0.67	0.44	0.43
	娱	0.1	0.9	0.34	0.23	0.63	0.68	0.71
旅游后		0.62	0.45	0.54	0.61	0.38	0.52	0.66

		S2	S3				S4	
		供应链协同度	规模效应系数	单位服务成本	顾客满意度	供应链协同度	规模效应系数	单位服务成本
旅游前		0.69	0.31	0.38	0.81	0.67	0.54	0.49
旅游中	食	0.88	0.53	0.67	0.78	0.86	0.36	0.63
	住	0.83	0.43	0.52	0.53	0.61	0.26	0.58
	行	0.73	0.71	0.32	0.84	0.89	0.68	0.61
	游	0.36	0.68	0.49	0.75	0.54	0.46	0.57
	购	0.31	0.22	0.68	0.7	0.43	0.68	0.33
	娱	0.72	0.55	0.61	0.68	0.77	0.66	0.38
旅游后		0.69	0.39	0.71	0.69	0.78	0.66	0.42

		S4		S5			
		顾客满意度	供应链协同度	规模效应系数	单位服务成本	顾客满意度	供应链协同度
旅游前		0.77	0.68	0.27	0.61	0.46	0.52
旅游中	食	0.79	0.85	0.41	0.58	0.67	0.48
	住	0.41	0.56	0.61	0.47	0.53	0.66
	行	0.77	0.78	0.41	0.66	0.68	0.72
	游	0.62	0.52	0.7	0.33	0.4	0.24
	购	0.8	0.77	0.69	0.7	0.62	0.53
	娱	0.72	0.77	0.68	0.41	0.79	0.81
旅游后		0.79	0.81	0.76	0.28	0.76	0.82

TMC 模式下的供应链调度是一个动态调度的过程,调度过程需要统筹考虑整条供应链个协作目标的权衡。调度调度主体可以根据调度需求对优化模型的参数进行设置调整,满足不同目标的调度优化。此处,设算法系数选择为 $\alpha=0.45$,$\beta=0.36$,$\gamma=0.19$,$\delta=0$,$\lambda=0.1$。用 *Matlab2018a* 仿真结果见图 5-5 所示。

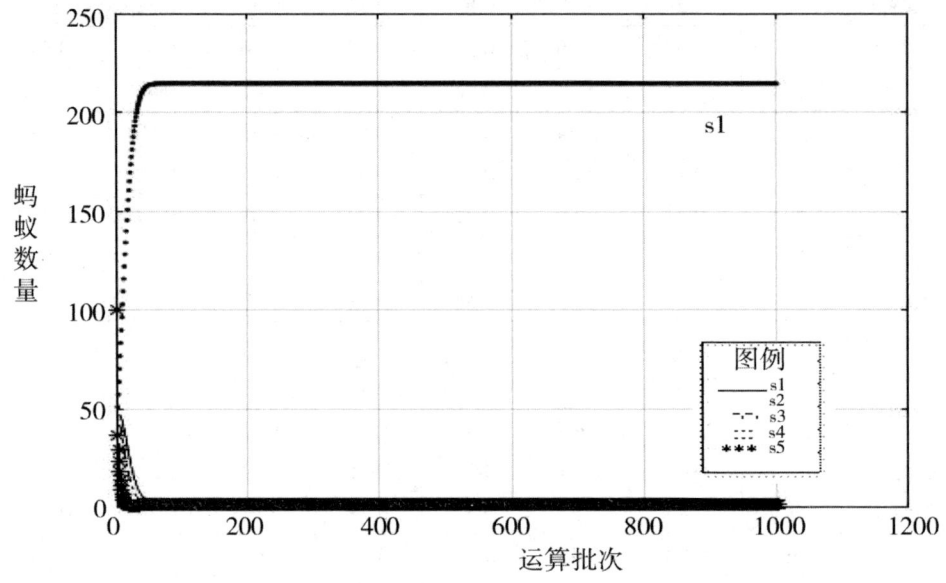

旅游前阶段收敛趋势图

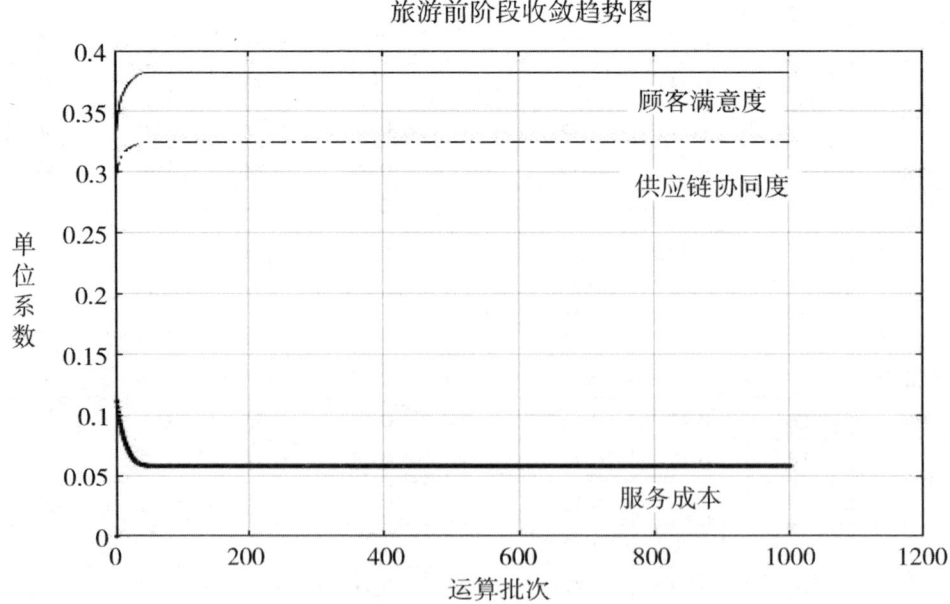

旅游前阶段调度后目标函数变化趋势图

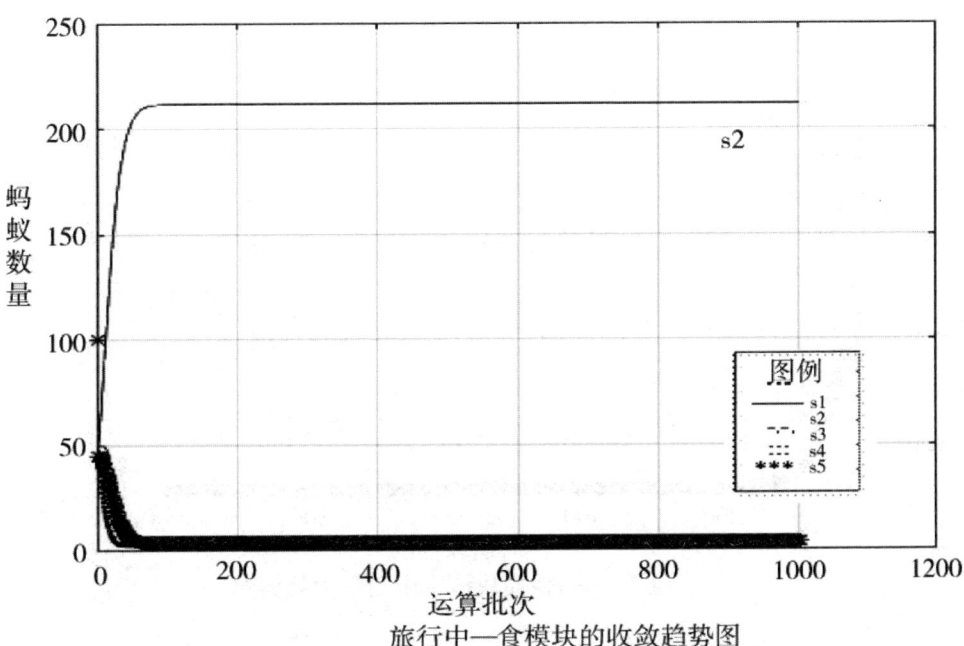

旅行中—食模块的收敛趋势图

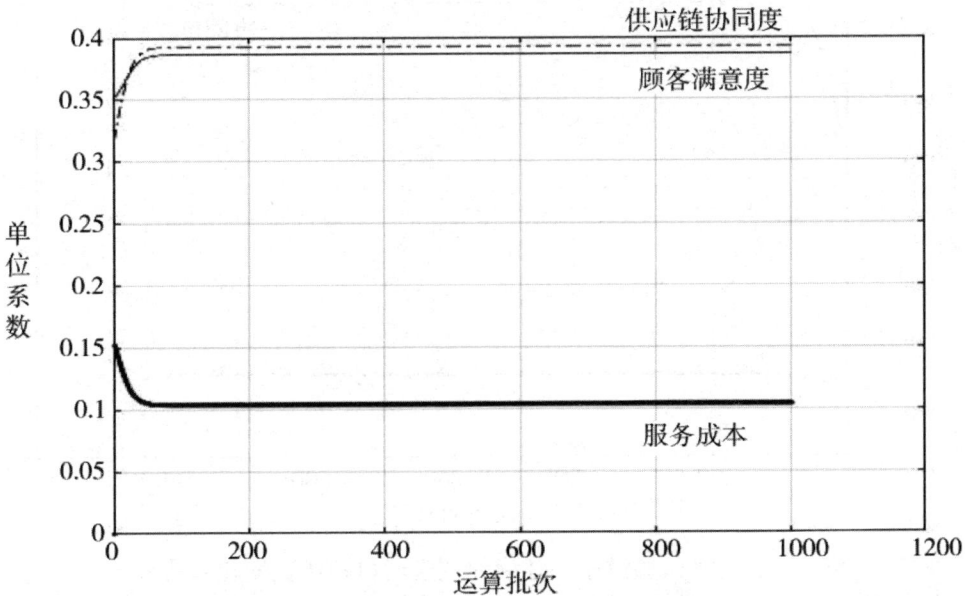

旅游中—食模块调度后目标函数变化趋势图

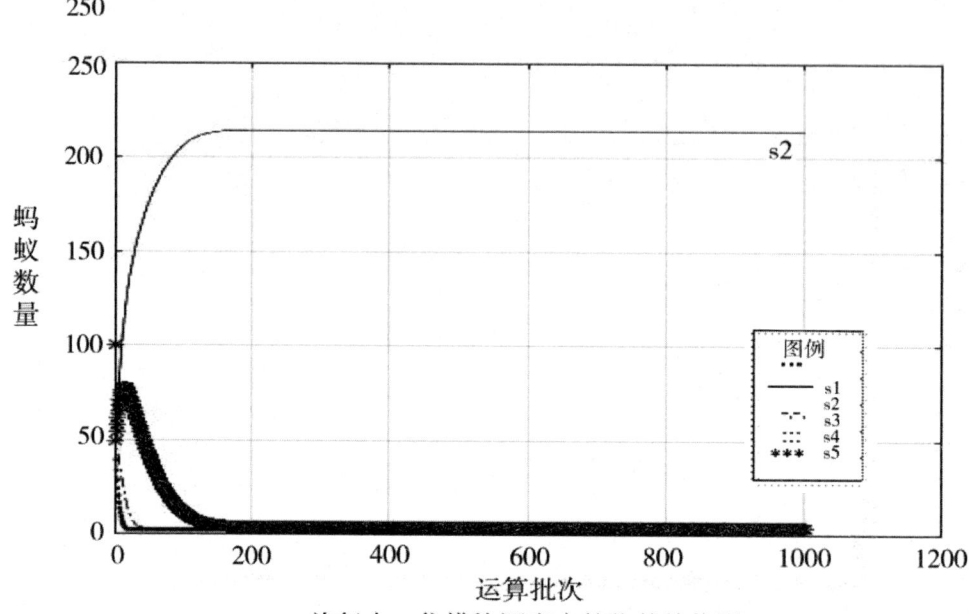

旅行中—住模块调度中的收敛趋势图

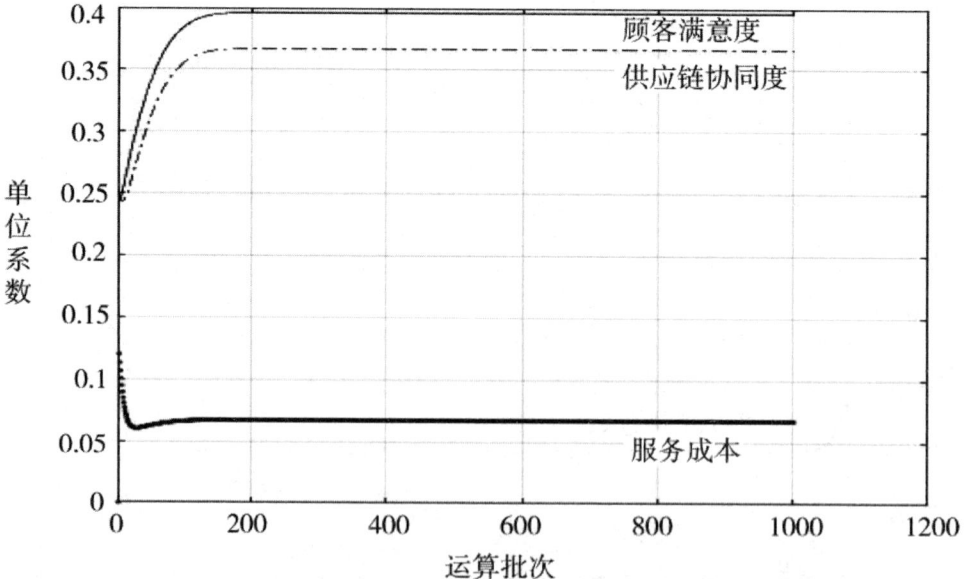

旅游中—住模块调度后目标函数变化趋势图

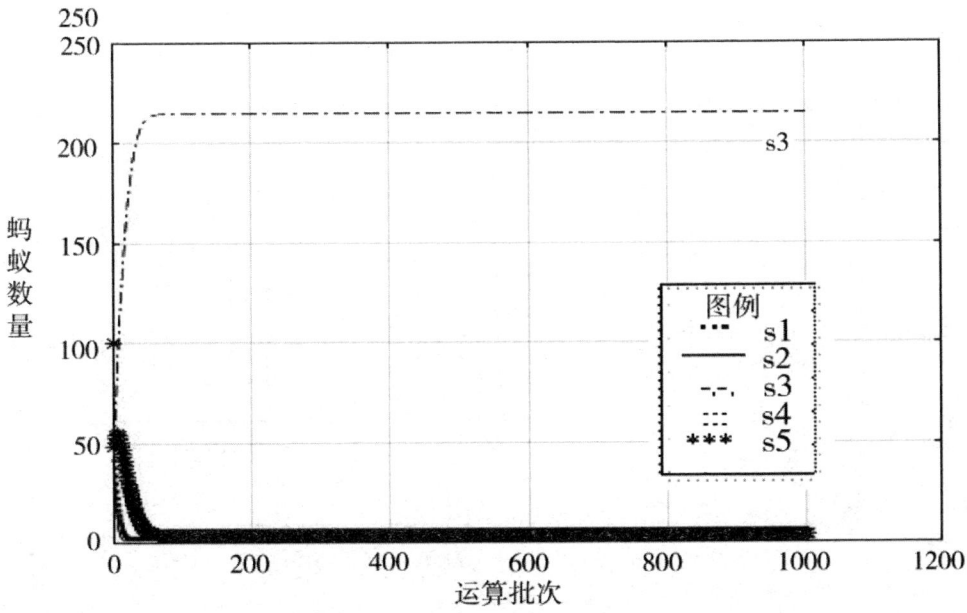

旅行中—行模块调度中的收敛趋势图

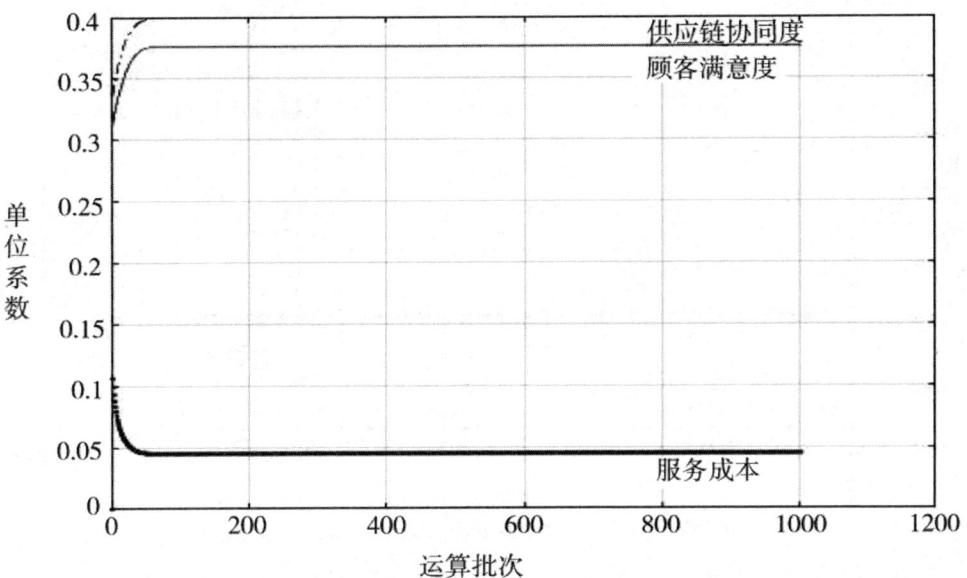

旅游中—行模块调度后目标函数变化趋势图

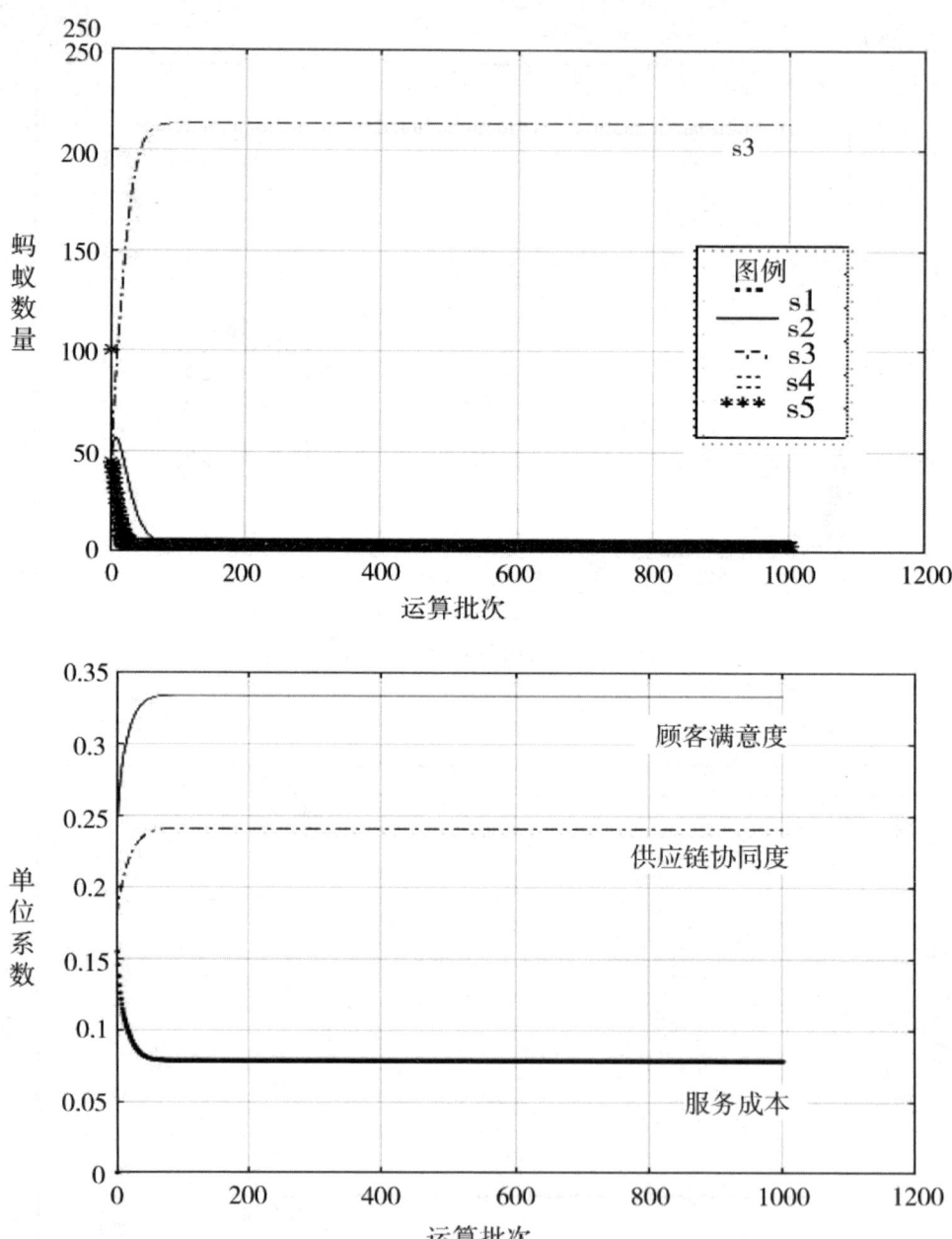

旅游中阶段—游模块调度后目标函数变化趋势图

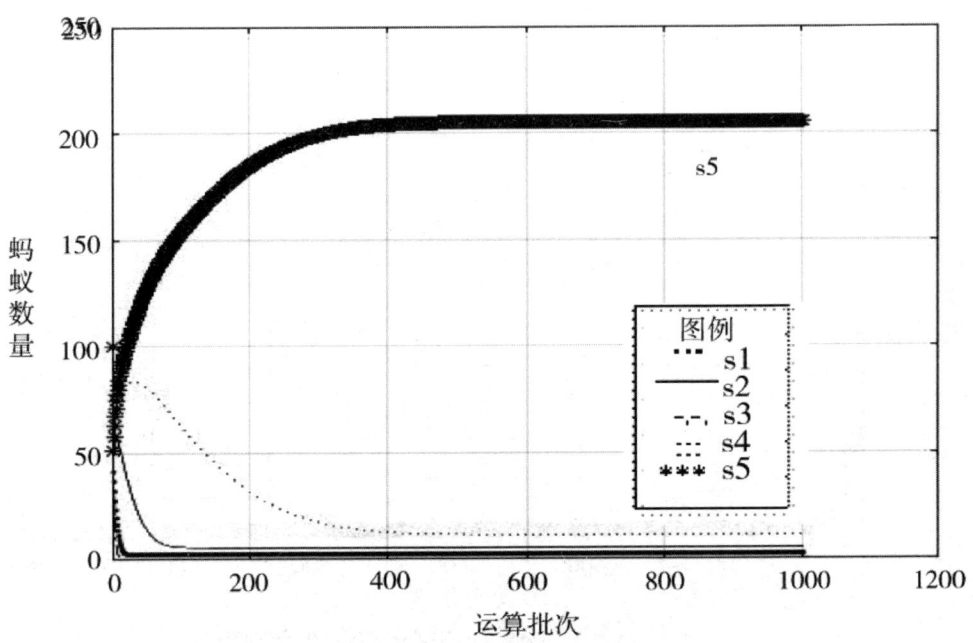

旅行中—购模块调度中的收敛趋势图

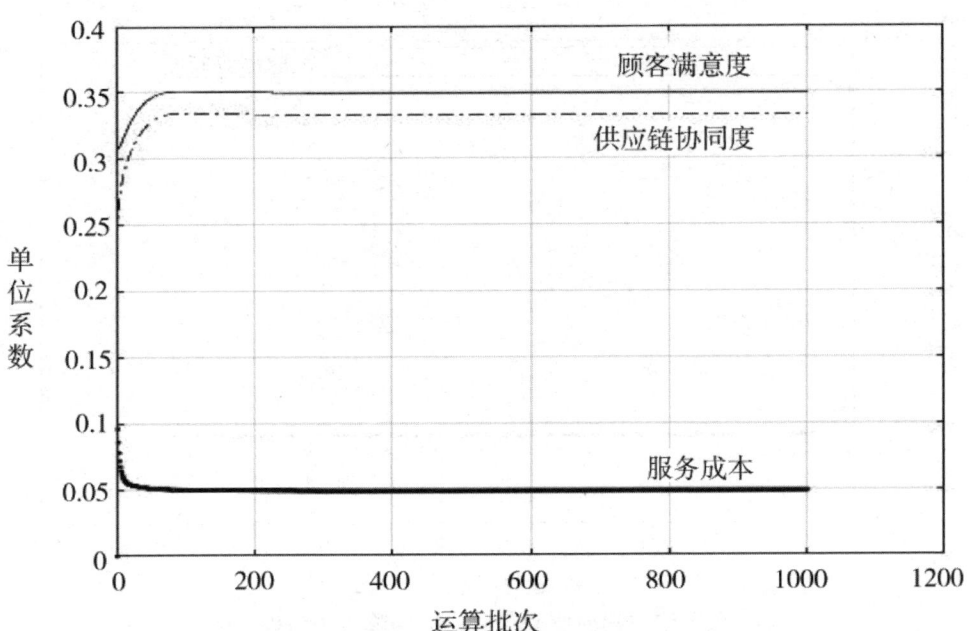

旅游中—购模块调度后目标函数变化趋势图

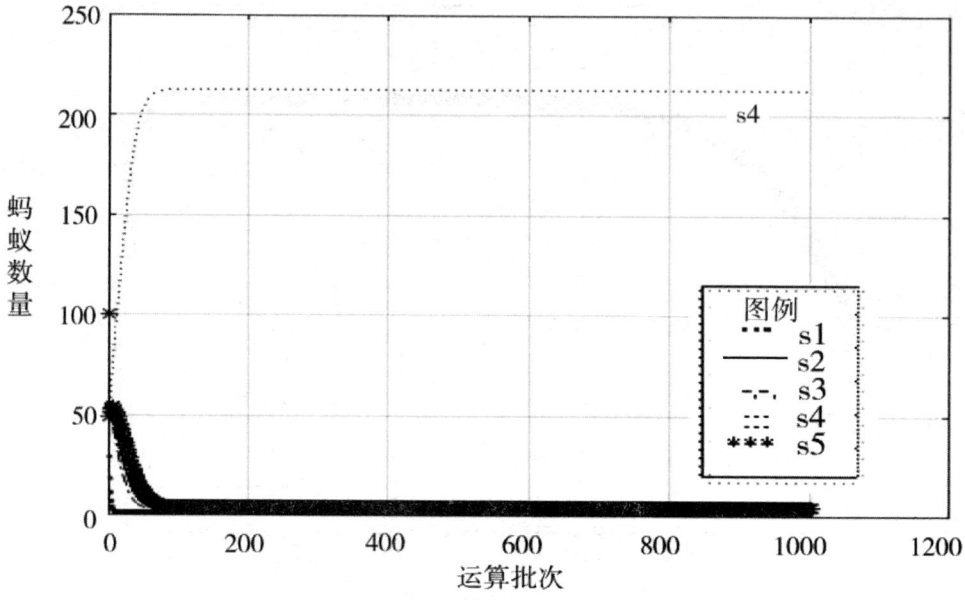

旅行中—娱模块调度中的收敛趋势图

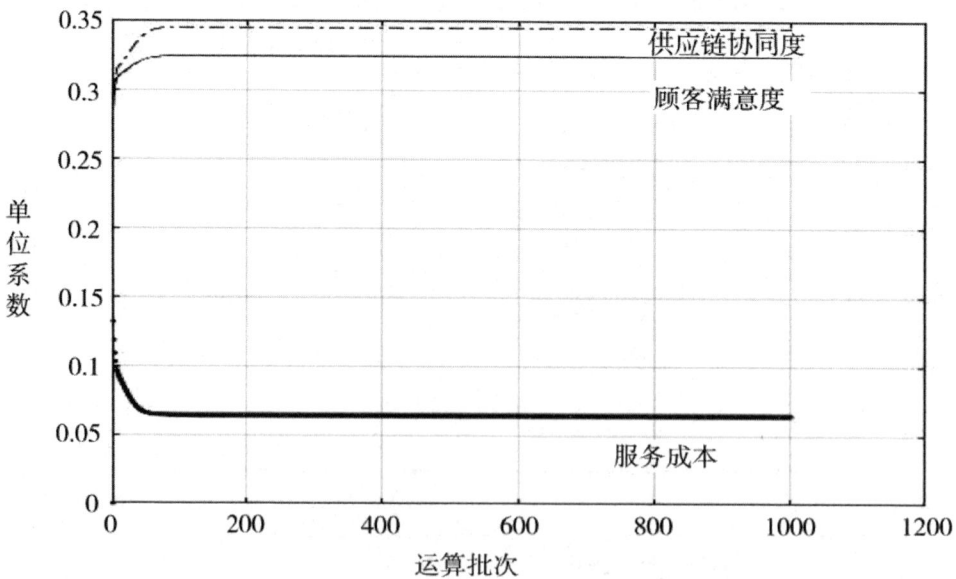

旅游中—娱模块调度后目标函数变化趋势图

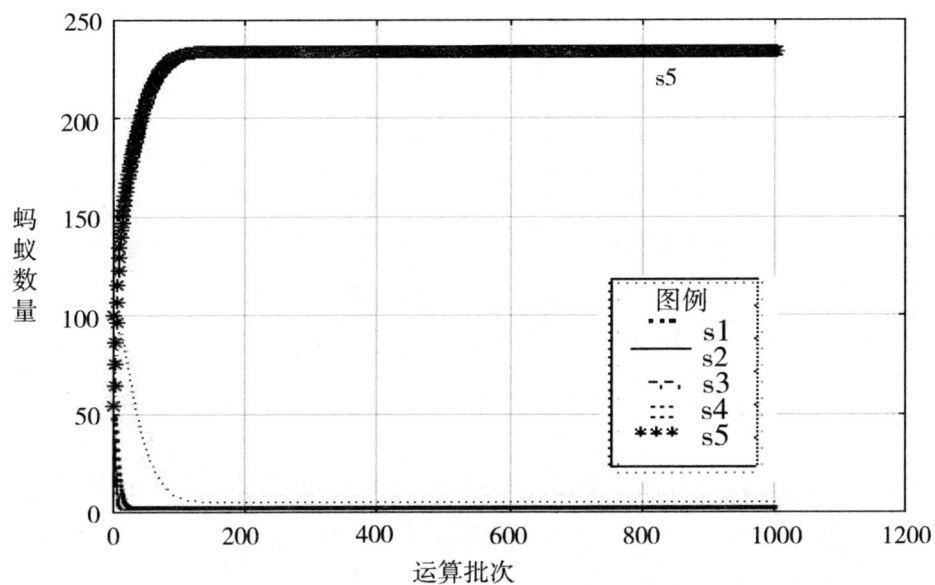

旅游后阶段调度中的收敛趋势图

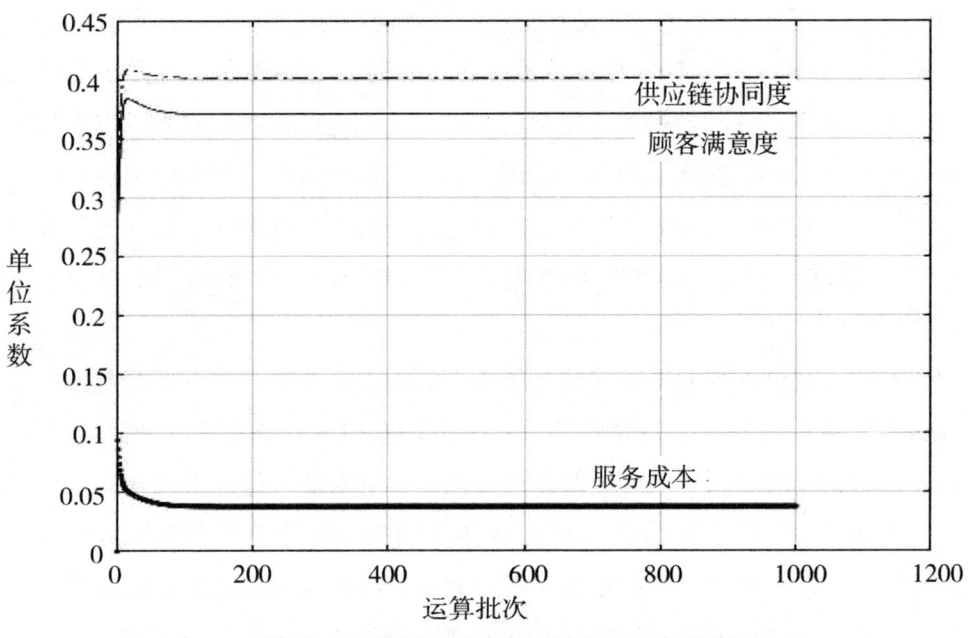

旅游后阶段调度后目标函数的变化趋势图

图 5-5　t 时刻旅游供应链不同阶段的调度中的收敛趋势及各目标函数的优化效果

由仿真结果可以看出，旅游企业在不同阶段基于游客的不同需求及协作商在旅行前、食、住等不同服务模块的优势进行动态优化选择。最终，根据蚂蚁爬行路径收敛图，在旅行前阶段，协作商 s1 是最优参与调度协作商；在旅行中的食、住服务模块，协作商 s2 是最优参与调度协作商；在旅行中的行、游服务模块，协作商 s3 是最优参与调度协作商；在旅行中的购模块及旅游后阶段，协作商 s5 更具优势；而协作商 s4 在旅游中的娱乐模块更具优势。通过对调度过程中的各调度目标优化效果的对比检验，结果表明不同阶段中的服务成本、顾客满意度及供应链的协同度等目标都实现了优化。

（六）本章小结

本章从运营层面提出了旅游企业应通过加强对旅游供应链的调度优化实现旅游大规模定制（Tourism Mass Customization，TMC），是对 SMC 模式下的供应链运作研究的有益补充。

研究产生如下结论：（1）旅游活动中存在多阶段、模块化及模糊性的规模效应；（2）通过对 TMC 模式下规模效应的经济学分析可以发现 TMC 模式下的规模效应具有一定的范围，通过引入模糊数学及概率统计方法设计了 TMC 模式下旅游活动规模效应量化的方法，建立起规模效应与服务成本的函数关系；（3）TMC 模式下的供应链调度需要实现引入规模效应的服务成本最小化、基于模糊时间窗的服务满意度最大化以及供应链协同度最大化等多目标的优化权衡；（4）设计的蚁群算法在求解 TMC 模式下的供应链调度模型方面性能优良、稳健。

本章研究对旅游大规模定制化趋势下的旅游企业提升自身运营能力具有较强的理论指导意义。具体体现在：（1）TMC 模式是旅游业发展的必然趋势，旅游企业应加强从供应链整体角度提升自身对旅游供应链的调度优化能力，告别单兵作战模式；（2）旅游企业应注重通过对旅游产品和服务的模块化设计、相似需求属性的批量处理等方式提升游客定制化趋势下的规模化水平。同时，根据对 TMC 模式下规模效应的分析可知，规模效应的存在具有一定的范围，旅游企业不应盲目追求规模效应最大化；（3）TMC 模式下旅游供企业在供应链调度优化过程中应着重提升服务的准时性水平，进而提高顾客满意度，提升游客的忠诚度水平；（4）TMC 模式下旅游供企业的调度应注重提升旅游供应链协同度水平，通过加强与旅游供应链上食、住、行、游、购、娱等协作商建立战略合作关系，不同加强整个旅游供应链的协同度水平，提升供应链调度的柔性和精准性。

本章结论对与旅游服务业具有相似需求特征与运作特征的其他服务业也具有较大的指导意义。

第三部分

SMC 模式下的供应链整合问题

六、供应链资源整合价值评价与分级管理方法

(一) 本章引言

资源整合过程分为资源识取（resources identification and acquisition）和资源配用（resources allocation and leverage）两大过程，其中资源识取主要是企业面向外部的资源识别与资源获取行为，而资源配用则是企业内在资源组合与使用行为（董保宝等，2011）。

本章对资源识别问题进行了探讨。服务企业想要从大量提供标准化服务的运作模式向 SMC 模式转型，不仅要建立柔性的服务系统，还必须对服务供应链网络进行重构，也就是将关键的、有价值的资源整合到供应链网络中。

服务供应链不同于实体产品供应链的一个显著特征是服务供应链在纵向上较短，在横向上却包括众多主体，不仅有大量需求各异的客户，还有承担各种服务功能的供应商。这些供应商给服务企业带来丰富资源的同时，也增加了供应链整合的难度。从数量庞大和种类各异的服务资源中识别最具整合价值的资源，是供应链整合的基础。

资源的整合价值体现为资源个体参与服务活动所能带给服务企业的期望收益，包括直接的经济收益，和信誉度提升、品牌价值增值、竞争地位攀升、抗风险能力增强、合作资源增多、链式收益水平提升等间接和长远收益。需要注意的是，资源整合价值是不断变化的，因为随着企业发展与外部环境变迁，有价值的资源会被逐渐耗尽或失效。因此，从动态的视角研究供应链资源整合价值的评价方法，在此基础上进行供应链资源的分级管理，对实现服务企业的 SMC 转型具有重要意义。

（二）整合价值评价的主导因素分析

供应链资源的整合价值评价包括两个基础工作：一是确定评价的主导因素，二是根据资源在各个评价因素上的综合表现赋予资源不同的整合优先级。常用于供应链资源评价的因素有六项，分别是服务成本、服务质量、需求响应速度、服务柔性、组织间关系和组织特性（Jain 等，2009）。企业根据自身情况与评价的目的，对不同的评价主导因素有不同的侧重。SMC 模式下供应链资源的整合价值评价，关键在于突出 SMC 的运作特点。

首先，SMC 模式并不是一个静止的状态，而是一个动态的、不断提升的状态。转型中的服务企业的一个显著特点就是会有计划地进行战略更新来不断提高其 SMC 能力，这意味着企业的供应链整合行为也是持续进行的。其次，在 SMC 模式下，各个调度期内客户定制订单所需要的服务资源和当期可用的服务资源是动态变化的，可用资源的服务成本、响应速度等也会随时间和需求个性化程度的不同而不同。因此，服务成本、响应速度这类不确定性较强的因素，不适宜作为具备一定时效性的供应链资源整合价值评价的主导因素，而更适合在企业日常资源调用决策中对资源进行评价。从服务企业的长远发展角度来看，SMC 模式下供应链资源整合价值的评价应该考虑服务企业的战略变革、供应链资源随环境演化的属性、资源整合过程中服务企业与供应链资源间的相互作用等长期性的、动态性的因素，因此可以采用以下三个主导因素：战略一致性、资源互补性和运作协同性。

战略一致性是指供应商与服务企业在战略导向与变革节奏上具有一致性。从供应链的角度来看，服务企业向 SMC 转型，意味着以服务企业为中心的供应链也要向 SMC 转型。但是，那些为企业传统业务（即提供标准化产品或服务）带来良好绩效的供应商可能会成为服务企业变革的惯性因素，阻碍变革的进行（Rungtusanatham 和 Salvador，2008）。因此，供应商与服务企业是否有一致的战略变革导向，对服务企业能否成功实施转型有重要影响。另外，由于供应商本身存在惯性，如果惯性较大，其变革的难度就会增加，很可能跟不上服务企业的变革节奏。这意味着战略导向的一致性不代表供应商的整合价值就一定高。如果供应商的变革与服务企业不同步，也就是说供应商如果不能采取有效的战略更新措施来配合服务企业的战略变革，也会极大地削弱供应商的整合价值。组织的年龄、规模、沉没成本以及现有业务的运作现状等都会影响供应商组织惯性的大小（Kelly 和 Amburgey，1991）。服务企业可以通过这些方面来判断供应商的惯性大小，进而对其整合价值做出评价。

根据资源互补性的高低，可以将供应商分为功能互补型和能力补充型。如果供应商当前所拥有的，或者可以直接控制和运用的各种要素与服务企业所拥有或控制的非常相似，那么供应商对服务企业来说属于互补性较低的一类资源。整合这类资源或许能为服务企业带来规模效益，进一步开发现有竞争优势，但很难进行创造性的积累。功能互补型资源是与服务企业互补性较高的一类资源，是服务企业整合的重点。对服务企业来说，这类资源可以扩充企业的服务功能，提高定制化服务能力，又因为资源互补性高的企业间知识很少交叠，能学习彼此的新知识（Dussauge 等，2000），从而使服务企业和供应商的服务创新能力同时得到提高。整合互补性高的资源，还有利于服务企业与供应商形成相互依赖的关系，促进企业联盟的形成、发展和有效合作。但是资源的互补性过高也会增加服务企业对供应商的监督与控制的难度，可能引发供应商的机会主义行为，从而加剧服务能力短缺和服务供应链中断的风险。

运作协同性是指拟整合的供应商与服务企业及其现有供应商之间的运作协同性。在这里特别强调供应商之间的运作协同性，是由于 SMC 模式下的供应链是动态组合而成，供应商经常要与不同的供应商配合来完成客户订单。而且，由于服务是无形的，不能存储，供应商的服务能力利用率受上下游供应商的影响较大，一旦上下游之间不能有效配合，会导致两方的服务能力均被无效占用和消耗，带来无法逆转的损失。与此不同，产品 MC 下的供应链结构相对稳定，并且缓冲库存能起到一定的调节作用，使上下游供应商的生产活动有一定独立性。另外，在 SMC 的运作过程中，客户、服务商和供应商之间存在相当多的交互活动，造成高昂的协调成本。因此，供应商协同能力的高低对其整合价值有很大影响。从供应商服务系统的柔性、组织兼容性、与服务企业和其他供应商的合作历史等方面，可以对供应商的协同能力进行评估。

可以看到，以上三个评价因素都体现了 SMC 模式下供应链资源整合的过程性与动态性特征。这三项因素给出了 SMC 环境下资源评价的思路与框架，而每项因素下的细分评价准则，服务企业可根据自身战略情况、资源情况和运作情况来具体制定。

（三）资源整合级别的划分

在确定了供应链资源整合价值评价的主导因素之后，要根据资源在这三个维度的综合表现来将资源划分为不同的整合优先级。对整合级别更高的资源给予更多的战略重视度和资金、资源方面的倾斜，可以优化供应链的整合。

根据整合优先级由高到低可以将供应链资源分为四个级别：常规服务资源（General Service Resources，GSR）、潜在战略服务资源（Potential Strategic Service Resources，PSSR）、应急服务资源（Emergency Service Resources，ESR）和没有价值的资源（Valueless Service Resources，VSR）。常规服务资源（GSR）是现阶段服务企业整合优先级最高的资源。这类资源可以保证服务能力和服务质量的平稳性，让企业在未来一段时间可以持续高质量地完成大量客户的个性化需求；潜在战略资源（PSSR）是指那些对服务企业来说，暂时还不能带来显著竞争优势，但是未来可以转化为战略性资源的一类资源，其整合价值的提升需要一个调整和培育的过程。PSSR 类资源的整合优先级也较高；应急服务资源（ESR）分为两种。一种是当服务企业面临紧急性需求或爆发性需求时，对服务企业进行能力上的补充。这类资源在一般情况下的可获得性和替代性较强；另一种是给服务企业带来功能上的补充。这类资源属于市场上较为少见，专门为少数有特殊定制需求客户服务的资源。由于 ESR 类资源的调度成本一般较高，服务质量也较难保证，因此整合优先级不高，主要是根据需求情况临时调用；没有价值的资源（VSR）则是既不能在战略上有所支撑，又不能给服务企业带来价值增值和协同效应的资源，因此整合优先级最低。图 6-1 显示了供应链资源在战略一致性、资源互补性和运作协同性方面的表现与资源的整合级别的对应关系。

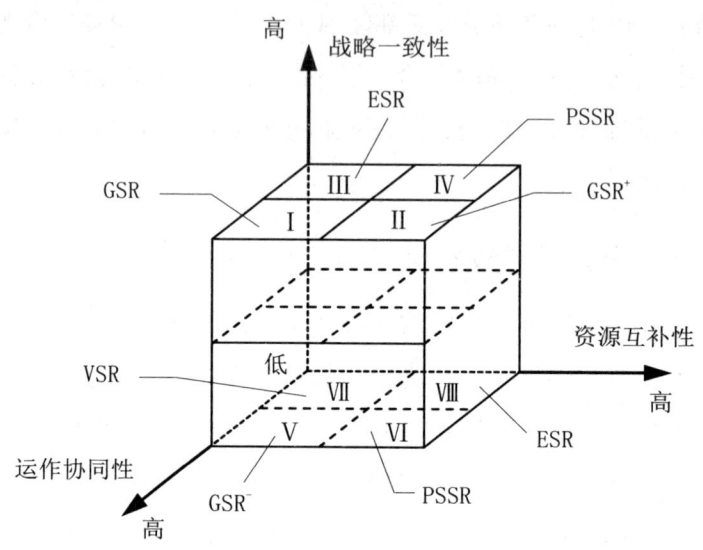

图 6-1　SMC 模式下供应链资源分级与整合决策三维图

属性为 I 的资源，与服务企业的战略一致性和运作协同性高，但是资源互补性低。这些资源有很强的柔性与敏捷性，并与服务企业以及其他资源个体之间有较高的配合度。但该类资源与服务企业现有资源高度相似，因而极易与服务企业在某些细分领域展开激烈竞争。这类资源一经整合，可以立即给服务企业某方面的定制能力带来补充。因此这类资源是 GSR，服务企业要加强整合。

属性为 II 的资源，与服务企业在战略一致性、资源互补性和运作协同性方面都很高。这类资源对服务企业而言属于战略性资源，既能提升服务企业的 SMC 能力，又有助于服务企业开发新的资源和技能，还有较高的协同性。这类资源是 GSR^+ 资源，"+"表示最应该被整合的资源。

属性为 III 的资源，与服务企业的战略一致性高，但是资源互补性和运作协同性都较低。这类资源属于在资源市场上广泛存在、灵活性很强但是体量不大、服务质量参差不齐的一类资源。服务企业通常在应对爆发性或紧急性需求时，临时用高价从市场上调用这批资源。由于这类资源的调度频率较低，并且服务质量也难以保证，因而服务企业较少整合这类资源，将其归为能力补充型 ESR 资源。

属性为Ⅳ的资源，与服务企业的战略一致性高、资源互补性高，但是运作协同性低。整合这类资源对服务企业SMC能力的提升有很大帮助。但由于这类资源与服务企业以及其他供应商之间缺乏配合性与协调性，需要服务企业花费较长时间和较大成本加以整合和磨合，因而属于PSSR资源。

属性为Ⅴ的资源，与服务企业的战略一致性和资源互补性都较低，但是运作协同性高。这类资源可以与服务企业和其他供应链资源有很好的合作，也能给服务企业带来规模效益，但同时也是阻碍服务企业转型的惯性因素。对于这类资源，服务企业要在转型过程中逐渐筛选和淘汰，仅保留足够满足非定制化客户需求的优良资源。因此，可以将其归为GSR^-资源，"-"表示逐步调整和减少。

属性为Ⅵ的资源，与服务企业的战略一致性较低，但是资源互补性和运作协同性都很高。这类资源供应商能与服务企业和其他供应商紧密的开展合作，由于资源互补而引发的组织间的相互学习也使得这类供应商的学习能力和创新能力较强。虽然现阶段这类资源供应商的SMC能力有些欠缺，柔性和敏捷性还需提高，但是可以伴随服务企业的转型过程逐渐培育起SMC能力。因此，这类资源属于PSSR资源。

属性为Ⅶ的资源，与服务企业的战略一致性、资源互补性和运作协同性都很低。这类资源对服务企业而言没有整合的价值，属于VSR资源。

属性为Ⅷ的资源，与服务企业的战略一致性和运作协同性都较低，但是资源的互补性较高。这类资源属于服务企业为非常规性客户服务时会临时调用的一种资源。这种资源的需求量一般比较少，小众客户可能会有零星需求，因而属于功能互补型ESR资源。

根据图6-1的资源分级与整合决策三维图，服务企业可以有效地对供应链资源进行分级管理。需要注意的是，资源的整合级别并非一成不变，现阶段的GSR资源，可能随着服务企业战略的改变而变为VSR资源，正如那些为戴尔带来巨大成功的用于PC大规模定制的供应链资源，在戴尔向IT服务商转型后变得不再有整合价值。因此，服务企业要根据战略变化情况，定期对资源的整合价值和整合级别进行调整，从而使整合的资源始终为企业战略所需要，达到不断提升企业SMC能力、促进SMC转型的目的。

（四）本章小结

本章对 SMC 模式下供应链整合中的一个基础问题：供应链资源的整合价值评价与分级管理问题进行了研究。

为提高大规模定制化服务能力，服务企业必须从大量供应链资源中识别出最具整合价值的资源并进行分级整合。由于企业的供应链整合是一项长期、持续和动态的行为，加之 SMC 模式下的生产运营与供应链体系具有一定特殊性，使得资源整合价值的评价也应该选取一些能反应这些特征的因素。从战略、资源和运作三个维度出发，采用战略一致性、资源互补性和运作协同性三个主导因素来进行供应链资源整合价值的评价，并根据资源在这三个维度的表现，将资源划分为常规服务资源、潜在战略服务资源、应急服务资源和没有价值的资源四个类别，能够有效提高供应链资源的整合效果，促进服务企业面向 SMC 的转型升级。

七、供应链资源的获取路径

（一）本章引言

本章则对供应链整合过程中的资源获取行为进行研究。优质的供应链资源是企业竞争力的重要保障。从资源基础观的视角来看，优质资源是指那些不易模仿、不易替代、有价值的、稀缺的资源（Barney，1991）。由于不同企业对资源价值的评价存在不同的标准，本章选取了具有 SMC 典型特征的生鲜电商企业作为研究对象，探讨企业如何对产地的优质资源建立直接采购关系。相较于批发商采购模式，产地直采在控制采购成本、提高产品质量和缩短供应时间等方面具有显著优势。加强对产地生鲜资源的直接整合，有助于提升客户购买体验，逐渐成为生鲜电商新的战略选择。

（二）获取优质供应链资源的必要性分析

1. 生鲜电商的供应链现状

生鲜电商企业作为中间媒介，能够较好地将生鲜农产品的生产主体和消费主体联系起来，在为上游产地的供应商解决产品销路的同时，满足市场对生鲜农产品的即时性需求。到目前为止，市场上已经出现超过 4000 家生鲜电商企业，而有数据显示，在这 4000 余家生鲜电商企业中，仅有 1% 实现盈利，超过 90% 的企业都处于亏损状态（安然，2017）。与此不乐观的市场状况相对应的是，到 2016 年为止，以电子商务模式销售的生鲜农产品仅占中国生鲜农产品市场份额的 3%，尚有巨大的发展空间（易观，2016 年生鲜电商行业专题报告）。在巨大的市场机遇的吸引下，各生鲜电商企业不退反进，加大力度探索新出路。

对于生鲜电商企业而言，其核心竞争力主要来源于两个方面：一个是有效的物流网络，能够快速地、安全地将生鲜产品送达客户手中；另一个则是产品的品质，必须新鲜、安全、绿色、美味。在物流网络的建设方面，生鲜电商借助于外包等方式，将物流服务外包给专门的物流公司（张夏恒，2014；张俊山、黄乔枝，2015），能够使得企业将主要的精力放在优质产品供应商的获取与维护上。产地直采这一采购模式由于有能够有效控制采购成本、提高产品质量和缩短供应链等特点（赵艳，2011），逐渐被重视起来。

作为一种即时性产品，生鲜对品质的要求非常严格，一份品质优良的商品必须在保质期内完成从产地到市场到消费者的流通过程。产地直采模式通过打通供应链上游与下游，去掉供应链中间环节，减少商品所有权流转频次，使得产品在流通过程中能够加快流通速度，抑制损耗，降低所有权流转成本，真正地做到向消费者提供优质产品。而优质产品的来源正是优质的产地供应商，如果不能够争取到与优质的产地供应商合作，那么即使企业的供应链建设，营销手段做得再好，于生鲜电商企业的整个产地直采布局而言只能做到锦上添花。

并非所有的生鲜电商企业认识到了优质产地资源获取的重要性，甚至是很大一部分并没有重视这一点。市场逾 4000 家生鲜电商企业中，仅有处于头部地位的极少部分企业（诸如中粮我买网、京东生鲜、天猫生鲜等）能够在与整个生鲜农产品中间商群体竞争产地优质资源时取得优势。据报道，天猫与苏州阳澄湖部分商家签订协议进行战略合作，2016 年还与生鲜农产品电子商务刻意保持距离的合作商家之一张德洪大闸蟹，拍板于 2017 年将 70% 水域的阳澄湖大闸蟹独供天猫生鲜。这一优势的来源在很大程度上与其母公司的企业声誉、流量导入、供应链建设等资源紧密相关。如图 7-1 所示，头部生鲜电商企业通过母公司或母公司平台的庞大流量导入，以及其母公司的社会地位、企业声誉等（b1），能够比生鲜农产品中间商群体更有效地吸引优质产地资源（a1），获得优质产品，再辅以母公司投入巨大资金所建立的物流网络（b2），将优质产品提供给消费者（a2），消费者得到了优质的服务，更青睐于该产地（a3）以及该生鲜电商企业的产品（a4），头部生鲜电商的销量增加，更是促进了优质产地供应商与其进行后续合作的意愿（a5）。如此往复循环，形成一个良好的可持续的网络。

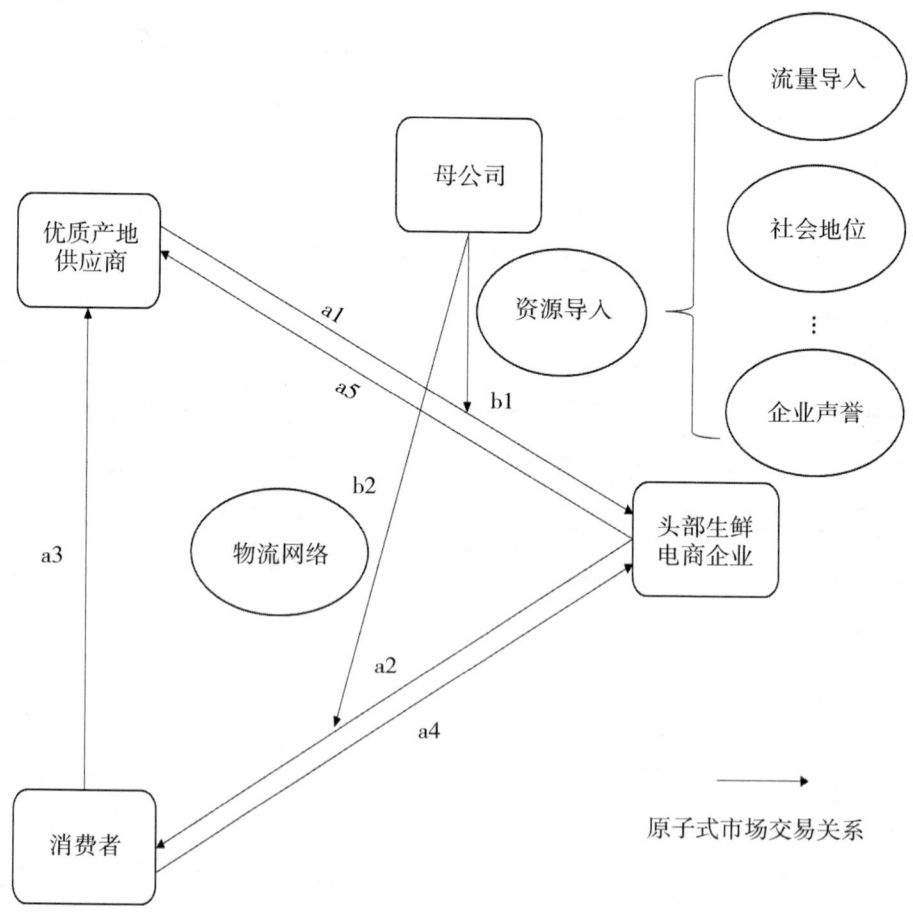

图 7-1　头部生鲜电商企业产地优质资源获取图

2. 与产地优质资源建立直接采购关系的难度

相较于这些头部生鲜电商企业而言，非头部生鲜电商企业无法从母公司导入优质资源，因而在原子式的市场交易关系中，非头部生鲜电商对产地优质资源的吸引力有限甚至是没有（连线 a1、a5 在极端情况下断裂）。因此，非头部生鲜电商企业在与生鲜农产品中间商（也包括头部电商企业以及非头部电商企业之间的竞争）竞争产地优质资源的过程中处于劣势，无法获得优质的产地资源，反而需要向生鲜农产品中间商进货，再将产品提供给消费者（d1，d2，…，d（n+1））。而处于生鲜农产品的生产主体和消费主体之间的中间环节过多，会导致更高的流通成本和更高的损坏率，因而消费者对于产品的青睐程度也会降低甚至是消失（极端情况下 a3 断裂）。各个市场主体之间无法打通（如图 7-2），无法形成可持续的循环，最终非头部生鲜电商企业将会在资源枯竭后走向灭亡。

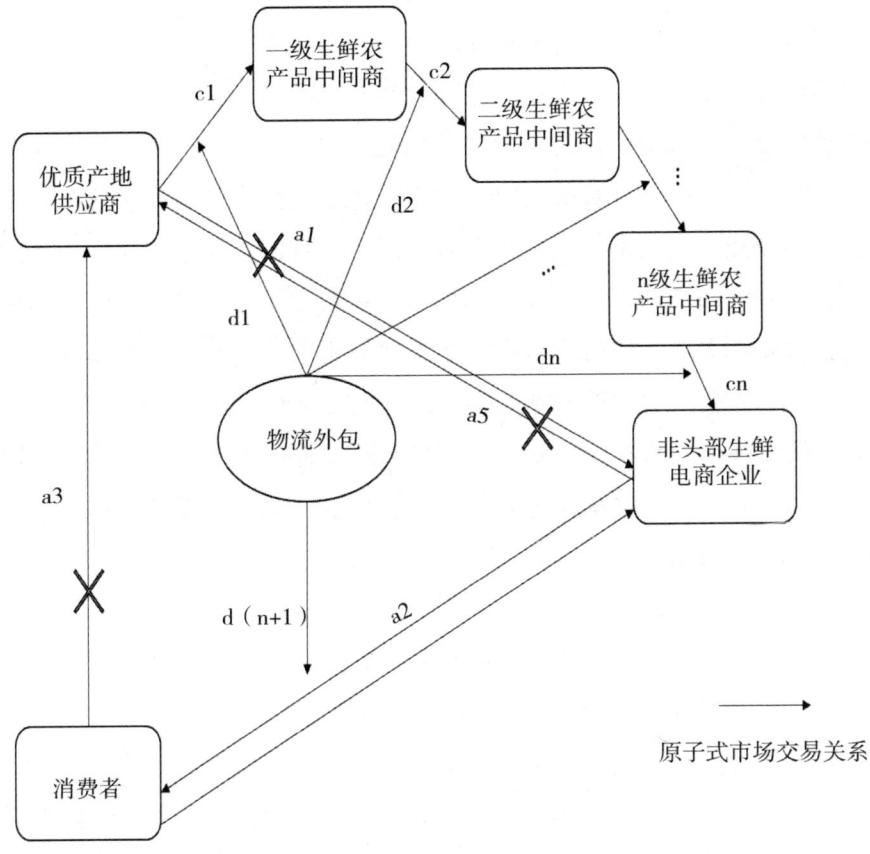

图 7-2　非头部生鲜电商企业产地优质资源获取图

一米鲜就是一个鲜活的例子。2015年11月18日，一米鲜公布了其产地直采现状：其现有产品中30%来自于产地直采，其余则是来自各种中间商采购渠道。作为非头部生鲜电商企业之一，一米鲜无法借助其他企业的资源导入而一跃成为行业巨头，只有一步一步成长为非头部生鲜电商中的佼佼者，在这一过程中，一米鲜的产地直采比例始终无法超过30%，其中优质产地资源的获取就更少了。无法获得优质的产地资源，使得生鲜农产品电子商务这一模式逐渐成为一种资源损耗型模式，而非可持续型的循环网络模式。最终，一米鲜于2016年12月与线下水果连锁店百果园合并，自此退出历史舞台。

（三）网络嵌入视角下的优质供应链资源获取路径分析

虽然生鲜电商企业纷纷标榜自己的产品100%来自产地直采。事实上，有多次新闻报道显示，许多生鲜电商在当地的生鲜批发市场设立分拣机构，从批发市场将各类生鲜产品直接发给用户，甚至将采购、分拣、包装等重要品控程序外包给第三方企业，使得生鲜品质无法得到保证，导致产地直采成为生鲜电商吸引客户的一种噱头。究其原因，在于当前生鲜电商企业正处于冷链物流基础设施尚待完备，用户规模效应还未显现的现状下，相较于生鲜中间商而言采购的品类众多，但每类品种需求量较少，对优质产地供应商的吸引力低，议价能力弱，使得产地直采成本居高不下，在与生鲜批发商等中间商对产地资源的竞争中处于劣势，被迫转而使用较为成熟的中间商采购模式。而建立在信任基础上的嵌入式关系，能够克服传统市场价格机制存在的弊端，在合作中形成互惠、相互锁定等效应，使合作双方能够获得共同的效益增长（王华等，2006；许冠南等，2011；刘雪锋，2009）。

1. 嵌入式关系建立的必要性

无论某一生鲜电商企业处于行业的头部地位又或是普通地位，产地资源是有限的，优质的产地资源是生鲜农产品行业所有从业者（包括头部生鲜电商企业、非头部生鲜电商企业以及生鲜农产品中间商等）竞争的重点，因此在后文的叙述中将头部生鲜电商与非头部生鲜电商统一为生鲜电商进行讨论。在生鲜电商这一场景出现之前，通过中间商在线下进行产品的流转一直是主流的流通模式，已经发展得较为成熟，用户规模显著。中间商所面向的客户群体多为下一级分销商，与直接面向消费者的生鲜电商企业相比，中间商的要货量大，在与产地供应商进行交易价格的博弈过程中处于相对优势地位（施晟等，2012）。而在传统的市场价格机制下，交易双方总是站在对立面进行博弈。生鲜中间商为了自身利益最大化，一定会将生鲜农产品的进货价格压到最低。由于中间商在价格博弈过程中处于优势地位，产地供应商的利益往往受到一定程度的损害。因此，在一定程度上，产地供应商也有意愿接触更多有能力的合作伙伴，而生鲜电商企业也有寻找产地优质资源进行合作的意愿，但是在传统的价格机制下，这两种意愿无法匹配，使得双方都陷入困境，增加了生鲜农产品的流通难度，阻碍了整个社会福利的增长。

因此，如何将生鲜电商企业与产地优质供应商之间的连线（a1、a2）重新连接（针对非头部生鲜电商而言）起来或者加强这一连线（针对头部生鲜电商而言），对于生鲜电商企业、产地优质供应商乃至整个社会福利而言，意义重大。而嵌入式关系所关注的对象正是嵌入在一定社会结构中的经济行为（Granovetter，1985）。在引入嵌入式关系以前，经济学理论对交易行为的分析始终落脚于交易本身，却忽视了交易双方处在一定的社会关系中，忽视了关系的建立、维持和消解的过程（应洪斌，2010）。嵌入式关系的建立能够使交易双方从着眼当下获得的收益和利用他人的、狭隘的经济理性目标，转变成为培养长期合作关系，互利共赢的目标（Uzzi，1997）。因此嵌入式关系的建立能够改变生鲜电商企业和产地供应商之间的合作机制，生鲜电商企业在与产地供应商的合作过程中，除了要识别优质的产地资源，还应该转换视角，与产地供应商建立战略联盟，发展基于信任的嵌入式关系（图7-3中的连线e1、e2），将零和博弈转变为非零和博弈，将互相之间的合作由传统的市场价格机制，转变为关系型合作机制，以谋求双方更为长远的发展，才能够在与生鲜中间商对产地资源的竞争中突出重围。

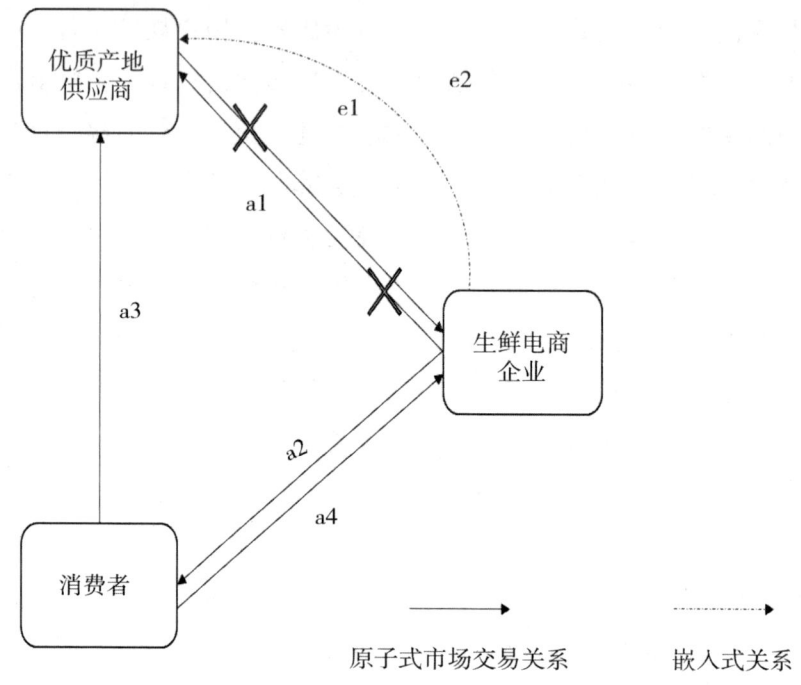

图 7-3 嵌入式关系下生鲜电商企业的产地优质资源获取图

事实上,在现实的商业社会实践中,确实有部分企业已经走在了前面,开始了与产地供应商进行建立战略联盟、发展嵌入式关系的探索,且取得了良好成效。以天猫生鲜为例,2015 年 10 月 31 日,天猫生鲜与 25 个国家,近百家生鲜协会签订了战略合作协议,为全球优质原产地引入大数据、物流、金融服务等服务。通过大数据向产地果农提供随时变化的市场信息,使产地果农可以在换季时,及时决定下一季节种植何种水果;通过金融服务,来解决产地果农短暂的资金困难;通过天猫生鲜这一知名平台及其出色的营销能力,使得"云南山珍""智利车厘子"等品牌被消费者熟知。通过帮助产地果农解决问题,使原产地商品采销更为便利,天猫生鲜同时也丰富了自己的产品品类,提高了自身销量,在与传统生鲜中间商的竞争中取得了相对优势。到 2016 年为止,天猫生鲜涵盖全球的生鲜商品数量已超 12.5 万个。2017 年 1 月 5 日年货节期间,天猫进一步联合上千个全球原产地政府和协会,与其建立基于信任的战略合作关系,通过产地直采模式让消费者足不出户,品尽天下美食。

2. 嵌入式关系的建立路径

为了帮助生鲜电商企业获得更优质的产地资源，更好地完成产地直采布局，除了明确嵌入式关系在生鲜电商与产地供应商合作过程中的重要性，还应该对嵌入式关系如何建立给出可操作的路径。Granovetter 将嵌入分为结构嵌入和关系嵌入两个维度（Granovetter，1992），生鲜电商企业可以分别从这两个维度出发，来考虑如何进行嵌入式关系的建立。

（1）结构嵌入路径

结构嵌入关注的是某个网络的整体结构以及网络成员在整个网络结构中所处的位置，这两个特点与网络成员在整个网络中的竞争优势紧密相关（Granovetter，1992）。不同的产地供应商所具有的社会网络及其在网络中所处的位置各有不同，也并非所有的产地供应商都是生鲜电商企业建立嵌入式关系的对象，因此生鲜电商企业需要首先明确应该与处于何种位置的产地供应商合作。众多学者主要从两个方面来评价网络成员在其所处社会网络结构中所处的位置，分别是网络密度和网络中的结构洞（Granovetter，1992）。网络密度指的是网络中各组织相互连接的程度。网络密度代表网络中的社会资本的存量，密度越高说明网络中的社会资本存量越大，网络中各行动者相互连接的程度越高。结构洞指的是网络中关系稠密地带且无法被替代的结构位置，处于结构洞位置的个体将网络中没有联系的个体连接起来，具有信息优势和控制优势（罗纳德·伯特，2008）。在稠密的网络中占据结构洞位置，能够给企业带来巨大的竞争优势（范群林等，2010），这是优质产地供应商评价的重要标准之一。生鲜电商企业应该以此为根据，综合考虑其他相关因素如产量、质量等，识别优质的产地供应商，与其发展基于长远合作的紧密联系，建立起网络，并在自己与各个优质产地供应商建立起的网络中占据结构洞地位。

（2）关系嵌入路径

如果说结构嵌入能够为生鲜电商企业解决嵌入式关系建立对象的问题，关系嵌入维度则为如何建立嵌入式关系做出指导。关系嵌入指的是单个行为主体的经济行为嵌入于其他行为主体互动所形成的关系网络之中，通过互动频率、感情强度、亲密程度和互惠交换四个子维度来对关系嵌入强度进行评价（Granovetter，1992）。在合作之初，生鲜电商企业需要以这四个子维度为参考标准，尽可能地提升与产地优质供应商的关系嵌入强度，才能弥补其在原子式价格交易市场机制下的不足。至于具体的措施，提供（但不局限于）以下思路：生鲜电商企业靠近市场端，对市场需求的了解更为迅速，通过频繁的合作，及时地与产地供应商沟通市场需求的变化信息，降低产地供应商的风险；产地供应商（如产地果蔬农、畜牧业养殖户等）受教育不多、学习能力有限，除了祖祖辈辈流传下来的种植技术，难有机会接触到新科技下经过改良的种植技术，生鲜电商企业可以通过专人学习，将种植技术这类知识带给产地果农，提高其效益；目前市场上知名的产地品牌如褚橙、智利车厘子等较少，大部分的产地品牌在消费者群体中并不享有知名度和美誉度，生鲜电商可以通过其一系列成熟的营销手段，帮助产地品牌打响知名度，提高销量；甚至是向产地果农提供金融服务；通过这些"曲线"渠道，与产地果农建立起紧密联系，从而弥补由于其品类多、数量少的需求特点带来的议价能力劣势，提高生鲜电商企业对产地果农的吸引能力，达到互惠互利的最终目的。

（四）本章小节

本章通过分析获取产地优质资源在生鲜电商企业产地直采整体布局的重要性，以及处于原子式市场交易关系机制下生鲜电商的产地优质资源获取现状，得出与产地优质供应商建立嵌入式关系对生鲜电商企业的产地直采布局意义重大的结论。并从理论出发，给出了如何建立嵌入式关系的可操作路径。的确，识别了优质产地供应商，确定了嵌入式关系的发展对象之后，需要在一个较短的时间内，发展起足够强度的嵌入式关系，但嵌入也存在这一个过度嵌入的问题。Uzzi曾提出"关系型嵌入悖论"，也即发展过度的嵌入关系，将会使得企业只与供应链网络中的少数成员发生交易关系，企业所获得的信息和资源都将趋向于同质化，在多变的市场环境中，这种同质化极不利于企业的长期发展。而对于合作双方应该建立何种程度的嵌入式关系，学术界尚未达成共识。因此，本章仅仅是嵌入式关系应用于生鲜电商行业的一个简要介绍，这一领域的研究还存在大量的机会，在后续的研究中，将会针对生鲜电商这一行业的特殊性，充分考虑行业特点，以案例、实证统计、乃至启发式算法的方法优化合作双方所应该建立起的嵌入式关系的程度。

八、SMC 模式下供应链资源优选决策

(一) 本章引言

SMC 模式下的供应链整合，首先要对供应商进行选择。本书第六章从战略视角提出了一种供应商整合价值评价方法。在实际的应用中，服务企业也能根据行业特点和企业情况，建立适用性更强的、更为具体的筛选指标。基于这些指标，企业从中选择优质的供应商资源加以整合，对提升企业 SMC 能力具有重要意义。

本章以具有 SMC 典型特征的第四方物流服务（Fourth Party Logistics，4PL）企业为例，对 4PL 供应商的特征进行了分析，并挖掘出影响 4PL 供应商选择的主导因素，构建了供应商评价指标体系。进一步地，通过客观赋值方法——信息熵法确定评价指标体系权重，构建了通过引入灰色关联系数改进 VIKOR 方法下的 4PL 供应商优选决策模型，并进行了算例检验。

(二) 供应商选择主导因素挖掘

随着"互联网+"、电子商务及大数据等新信息经济的发展，企业与客户对供应链的动态性、敏捷性、时效性及供应链风险管理能力等方面提出了更高的要求。越来越多的企业通过加强与 4PL 供应商的合作，实现自身供应链管理水平的提升。4PL 供应商的选择问题成为企业在供应链管理过程中必须面对和解决的问题。

1. 4PL 供应商的特点

相对于传统的第一方物流（供方为提供商品而进行的物流组织方式）与第二方物流（需方为采购商品而进行的物流组织方式）及第三方物流（商品供需方以外的第三家物流企业而进行的物流组织方式），4PL 供应商表现出许多新的特点。

首先，4PL 供应商的供应链协作主体具有多元异质性。第一方物流与第二方物流主要是企业通过整合企业内部资源满足供需双方的物流需求，协作主体主要是公司内部仓储、运输等物流部门及少量外部物流部门；第三方物流

在运作过程中，主要是协调好公司内部负责物流仓储、运输、包装、流通等物流业务的各职能部门以及外部仓储、运输等专业物流公司，满足客户的物流业务需求；4PL供应商作为一种综合供应链管理解决方案提供商，其协作主体众多，包括客户、第三方物流提供商、电子商务运作平台、咨询公司、金融支付平台等众多协作主体，协作主体之间差异性大，互补性强。4PL供应商通过对供应链多主体的协调整合为客户提供全方位的供应链解决方案。

其次，4PL供应商主要承担供应链的整合规划等职能。第一方物流与第二方物流主要是通过自身经营的仓库、运输工具等满足供需双方的物流需求，这两种模式下的物流业务量一般较小；第三方物流作为专业的物流业务经营管理者，主要为满足客户日益专业化、规模化的物流运输、储存、包装、装卸、配送、流通加工等实际的物流操作业务，提升供应链的专业化运作水平，但由于局限于具体业务的操作，缺乏对整个供应链整合规划的能力；4PL供应商的主要优势是能够从宏观层面对整个供应链的运作进行规划、协调、整合优化，满足供应链企业日益多样化、个性化的物流需求，围绕客户需求对供应链方案进行整合，实现供应链整体价值最大化。

再次，4PL供应商主要通过协同、方案集成、行业创新等模式组织运营。第一方物流与第二方物流主要出现在物流发展的早期阶段，其仓储、运输等业务的管理主要是作为公司的一个或多个职能部门而存在，受公司的统一管理；姚建明等（2007）研究认为，第三方物流作为独立的专业化从事仓储、运输、配送等物流业务的公司，其组织运营模式主要有传统外包型物流运作模式、战略联盟型物流运作模式、综合物流运作模式；孙永波、王道平（2007）认为4PL的运营模式主要包括4PL协同运作模式、4PL方案集成运作模式和4PL行业创新模式。4PL供应商通过不同的运作模式，实现供应链资源的整合与供应链低成本运作。

最后，4PL供应商主要从宏观层次对整个供应链进行规划管理。第一方物流与第二方物流的管理范围主要集中在公司内部与客户之间，处于供应链管理的微观层次；第三方物流通过契约等形式与客户、专业的仓储、运输等公司进行业务协作，实现物流业务的专业化操作处理，处于供应链管理的中观层次；4PL供应商主要站在整个供应链的宏观视角对供应链上的协作主体进行整合优化，实现供应链多元协作主体的利益最大化，处于供应链管理的宏观层次。

通过4PL供应商与第一方物流、第二方物流及第三方物流的对比分析（见表8-1所示），明确4PL供应商在协作主体、承担职能、组织运营模式及供应链管理层次等方面的特性。通过对比分析，4PL供应商是有别于传统的第一方物流、第二方物流及第三方物流而产生的的供应链综合解决方案提供商。4PL供应商选择问题有别于传统的第一方及第二方物流供应商选择问题，特别是不同于第三方物流供应商的选择问题。因此，有必要对影响4PL供应商选择的主导因素进行挖掘，进而构建4PL供应商选择的评价指标体系，为实现对4PL供应商选择的优化模型构建奠定理论基础。

表8-1　4PL供应商与第一、二、三方物流供应商的对比分析

	4PL供应商	第三方物流供应商	第一方与第二方物流供应商
协作主体	客户、第三方物流提供商、电子商务运作平台、咨询公司、金融支付平台等多元协作主体	客户、公司内部仓储、运输等职能部门、外部仓储、运输等专业物流公司	公司内部物流等职能部门、客户
供应链职能	供应链的整合规划、设计、再造	对供应链上的仓储、运输、配送等业务进行专业化操作	公司内部物流管理职能
运营模式	4PL协同运作模式、4PL方案集成运作模式和4PL行业创新模式	传统外包型物流运作模式、战略联盟型物流运作模式、综合物流运作模式	主要作为公司内部物流管理职能部门运作
管理层次	宏观	中观	微观

2. 影响4PL供应商选择的主导因素挖掘

不同于传统的第三方物流供应商选择，4PL供应商表现出许多新的特点。因此，有必要挖掘出影响4PL供应商选择的主导因素，为企业科学优化选择4PL供应商提供理论基础。在已有研究成果基础上，结合4PL的特点及"互联网+"、大数据等新经济环境的变化，对影响4PL供应商选择的主导因素进行挖掘。

（1）供应链资源动态整合能力

供应链资源整合能力是指通过对供应链系统的构建、组织与协调，把系统内外部彼此相关而又分离的个体组成为一个高效运作的战略体系的能力（姚

建明、刘丽文，2007）。由于供应链上参与主体众多，协作主体之间差异较大，不同协作主体之间的资源能力、需求都表现出多样性和动态性的特点，需要4PL供应商能够对整个供应链进行规划协调和供应链资源的动态调度，实现对整个供应链的物流、资金流、信息流的整合管理，满足不同协作主体的多样化需求。4PL供应商作为一种综合的供应链解决方案集成商，其最大的优势就是对整个供应链资源的动态整合能力。不同于传统的供应链管理模式，企业需要自己寻找第三方物流供应商负责物流运输、仓储等业务，寻找咨询公司协助公司进行供应链方案的设计优化，寻找信息技术方案提供商对信息系统架构进行管理，4PL供应商具备整合第三方物流、管理咨询公司、信息技术提供商、客户需求、供应链系统设计优化等优势于一身，能够满足企业多样化、动态化、个性化的物流需求。4PL供应商在资源调度整合过程中，需要根据客户需求，协调整合供应链上多元主体之间的资源供给与需求，加强与供应链网络中的合作伙伴的沟通协作，通过对供应链资源的调度优化、控制协调满足客户的供应链管理需求。4PL供应商协作整合功能见图8-1所示。

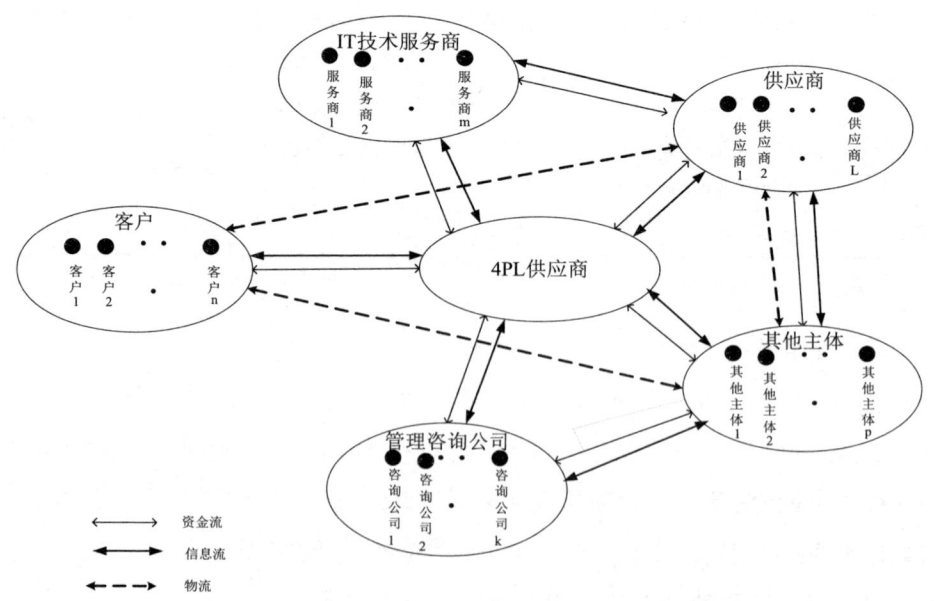

图8-1　4PL供应商协作整合功能示意图

（2）供应链风险管理能力

由于供应链管理过程中存在需求不确定性、信息不对称以及外部环境的变化等因素，导致供应链管理过程中的风险加剧。供应链风险管理是运用风险管理的工具去处理那些由物流或相关活动引起的或受其影响的供应链中的风险和不确定性。鉴于4PL供应商主要作为供应链资源整合的集成商，结合姚建明（2011）的研究，4PL供应商在供应链整合管理中主要面临的风险有履约风险、信息风险、战略风险和融合风险。其中履约风险和信息风险主要是指由于供应链上的个体因为不完全履约以及不完全信息共享对供应链管理造成的风险，其对供应链管理的短期管理造成较大影响。战略风险和融合风险主要是指由于供应链上个体因为个体战略目标或软硬件环境与供应链整体战略目标及软硬件环境不匹配造成的供应链管理风险，其对供应链管理的长期影响较大。4PL供应商通过对供应链中参与主体的履约风险、信息风险、战略风险、履约风险的管理，降低供应链的不确定性及大幅波动，保障供应链多元协作主体的利益。随着电子商务的发展，各行业"互联网+"的转型以及大数据技术的广泛应用，4PL供应商在供应链的管理整合过程中所面临的各种风险不断加剧，需要4PL供应商不断提升对整个供应链的风险管理能力，实现整个供应链的低风险运营。

（3）数据信息处理能力

供应链上的交易信息在供应商、制造商、分销商、客户以及信息服务供应商、咨询公司等供应链之间上下传输，形成复杂的网状信息流。特别是随着大数据、云计算等技术的广泛应用，供应链管理过程中对4PL供应商的海量数据信息的处理能力越来越高。4PL供应商对数据信息的高效处理能力关系到整个供应链的协作效率和成本收益。Lee H L（2000）证明了在不同的环境中实施信息共享能够减弱牛鞭效应。随着电子商务的发展，大数据技术的广泛应用，对供应链系统中海量信息的高效精准处理能力成为4PL供应商面临的新问题。影响4PL供应商数据信息处理能力的因素既包括硬件基础设施又包括软件因素。其中，硬件基础设施主要是指4PL供应商设备的先进性，比如用于大数据处理的IT基础设施、是否采用最新的服务器等，信息系统的兼容性能力等。软件因素主要是指4PL对数据信息的及时处理能力，比如处理数据信息的效率、信息的传输正确率以及信息管理过程中流程设计的科学性等方面。通过提升4PL供应商数据信息处理的软硬件水平,提升其数据信息的处理能力。

(4)市场竞争能力

市场竞争能力反映的是4PL供应商在市场竞争中的地位,其市场地位可以作为一种4PL竞争能力强弱的信号,企业可以依据其市场地位的强弱选择4PL供应商。实现供应链服务成本最小化、满足客户对供应链管理的质量最大化要求是4PL供应商管理过程中追求的目标。供应链管理过程中的成本包括供应链成员个体投入成本 C_1,供应链协调成本 C_2(比如为达成客户企业的供应链管理需求而发生的谈判、咨询等成本)以及风险成本 C_3,即实现总成本 $C = C_1 + C_2 + C_3$ 最小化。如果设客户需求的供应链管理质量为 Q_1,4PL供应商所能提供的供应链质量为 Q_2,则应满足 $Q_2 \geq Q_1$。另外,企业可以通过对某个4PL供应商的市场占有率及客户满意度指标的考察判断其相应的市场竞争力。一般来说,其市场竞争力与其市场占有率及客户满意度成正比。

(5)组织管理能力

4PL供应商的组织管理能力是指4PL供应商作为一个组织对其内部活动进行组织协调以实现组织目标的能力。4PL供应商作为一个为供应链整合协作提供专业化服务的组织,同样需要提升自身的组织管理能力,才能实现更好地为其他客户企业服务的目标。随着供应链管理的日益复杂化及大数据等新技术的发展,高素质的专业化供应链管理人才是保证4PL供应商发展的人才基础。4PL供应商组织管理能力的强弱,可以通过员工满意度和组织的管理效率较直观地反映出来。

通过对影响4PL供应商选择的主导因素进行挖掘梳理,明确了供应链资源整合能力、供应链风险管理能力、供应链数据信息处理能力、市场竞争能力以及组织管理能力应成为4PL供应商选择的主导因素。在此基础上,结合张滢(2009)、初艳巍(2011)、涂建军(2006)的研究成果及专家意见,构建4PL供应商选择评价指标体系,见表8-2所示。

(三)供应商选择优化模型

从影响4PL供应商选择的主导因素可以看出:4PL供应商选择是一个需要

权衡4PL供应商各主导因素的多目标综合优选问题。同时，在4PL供应商评价指标体系中，指标B1、B16、B17、B18、B19属于成本类指标，指标值越小越好；其余指标属于效益类指标，指标值越大越好。由于指标间存在竞争和冲突问题，代春艳、张希良（2012）认为VIKOR方法是一种能够有效解决指标冲突的多属性方法。同时，鉴于传统VIKOR评价方法存在主观性强、对样本数据信息挖掘不充分、精确性差等不足，在相关研究成果基础上提出通过引入具有良好数据挖掘性能的灰色关联系数法改进VIKOR模型作为4PL供应商综合优选决策模型。该模型中，通过AHP与信息熵组合方法确定评价指标权重，提升指标赋权过程中的客观性。通过灰色关联系数法挖掘样本数据的内在规律，以灰色关联系数数据为基础构建矩阵，形成VIKOR模型的数据基础。通过引入改进VIKOR模型的4PL供应商选择模型，提升4PL供应商选择决策的客观性和精确性。

1. AHP与信息熵法的指标组合赋权

在4PL供应商选择中，对主观性指标权重$a_j, a_j=(a_1,a_2,\cdots,a_n)$通过AHP法进行计算。客观指标的权重$\beta_j$通过信息熵进行计算。最后通过主客观权重乘法合成确定指标组合权重，赋权更具客观性，具体计算步骤如下。

定义a_{ij}代表第j个评价对象在第i个指标的原始数据，因为指标值存在负数，依据正向（a_{ij}^+）和逆向（a_{ij}^-）指标分类，采用极差法对原始数据进行非负化处理，避免求取熵值时取对数无意义。

$$r_{ij}=\frac{a_{ij}^+-\min(a_{ij}^+)}{\max(a_{ij}^+)-\min(a_{ij}^+)},j=1,2,\cdots n \quad (8-1)$$

$$r_{ij}=\frac{\max(a_{ij}^-)-a_{ij}^-}{\max(a_{ij}^-)-\min(a_{ij}^-)},j=1,2,\cdots n \quad (8-2)$$

根据下式（3）计算r_{ij}占第j项指标的比重得到二级指标矩阵$F_k=(f_{ij})_{m\cdot n}$

$$f_{ij}=\frac{r_{ij}}{\sum_{j=1}^{n}r_{ij}} \quad (8-3)$$

随后，计算规范化矩阵下某项指标i的熵值H_i，其计算公式如下：

$$H_i=-k\sum_{j=1}^{n}f_{ij}\ln(f_{ij}),i=1,2,\cdots n \quad (8-4)$$

式中，$k = 1/\ln(n)$ (8-5)

计算每项指标的权重：

$$\beta_j = (1 - H_i)/(m - \sum_{i=1}^{m} H_i)$$ (8-6)

最后，通过主客观权重乘法计算指标的组合权重 w_j，即：

$$w_j = a_j\beta_j / \sum_{j=1}^{n} a_j\beta_j$$ (8-7)

根据4PL供应商选择中主导因素的挖掘，结合张滢（2009）的研究成果，构建了4PL供应商选择评价指标体系（见表8-2）。通过AHP及信息熵对主客观指标进行赋权，提升赋权时指标权重的客观性。最后计算得出4PL供应商选择评价指标权重值（见表8-2）。

表格8-2　4PL供应商选择评价指标及权重

目标层	准则层（权重）	指标层B	B对准则层的权重	B对目标层的权重
4PL供应商选择	市场竞争能力（0.28）	同等条件下的服务成本（B1）	0.32	0.0896
		物流服务市场占有率（B2）	0.32	0.0896
		服务质量（B3）	0.20	0.056
		客户满意度（B4）	0.16	0.0448
	数据信息处理能力（0.19）	信息系统兼容性（B5）	0.18	0.0342
		信息及时处理能力（B6）	0.40	0.076
		信息交流传递正确率（B7）	0.24	0.0456
		流程设计规范化程度（B8）	0.18	0.0342
	供应链资源整合能力（0.28）	客户反应能力（B9）	0.21	0.0588
		沟通协调能力（B10）	0.37	0.1036
		供应链控制能力（B11）	0.22	0.0616
		合作伙伴开发能力（B12）	0.21	0.0588
	管理组织能力（0.11）	管理效率（B13）	0.41	0.0451
		高素质专业人才比重（B14）	0.30	0.033
		员工满意度（B15）	0.29	0.0319
	供应链风险管理能力（0.14）	履约风险违约率（B16）	0.22	0.0308
		信息风险违约率（B17）	0.22	0.0308
		战略风险违约率（B18）	0.28	0.0392
		融合风险违约率（B19）	0.28	0.0392

为克服传统 VIKOR 方法在数据信息挖掘不足的弱点,提升决策的精确性,引入灰色关联系数法对传统 VIKOR 方法进行改进。具体步骤如下。

(1)构造标准化决策矩阵 $Y = (y_{ij})_{m \times n}$,

$$y_{ij} = x_{ij} / \sqrt{\sum_{i=1}^{m} x_{ij}^2} \langle i = 1, 2, \cdots m, j = 1, 2, \cdots n \qquad (8-8)$$

(2)确定理想方案 x_0,即:

$$x_0 = \left\{ (\max_{1 \leq i \leq m} y_{ij} | j \in T_1), (\min_{1 \leq i \leq m} y_{ij} | j \in T_2) \right\} = \{y_{01}, y_{02}, \cdots y_{0n}\} \qquad (8-9)$$

其中,T_1 是效益型指标;T_2 是成本型指标。

(3)计算第 i 个方案 x_i 与理想方案 x_0 关于第 j 个指标的灰色关联系数 η_{ij},

$$\eta_{ij} = \frac{\min\limits_{i} \min\limits_{j} |y_{0j} - y_{ij}| + \rho \max\limits_{i} \max\limits_{j} |y_{0j} - y_{ij}|}{|y_{0j} - y_{ij}| + \rho \max\limits_{i} \max\limits_{j} |y_{0j} - y_{ij}|} \qquad (8-10)$$

式中,ρ($0 \leq \rho \leq 1$)为分辨系数,取 $\rho = 0.5$。

于是,各方案与理想方案的灰色关联系数矩阵为

$$R = (\eta_{ij})_{m \times n} = \begin{pmatrix} \eta_{11} & \eta_{12} & \cdots & \eta_{1n} \\ \eta_{21} & \eta_{22} & \cdots & \eta_{2n} \\ \vdots & \vdots & \ddots & \vdots \\ \eta_{m1} & \eta_{m2} & \cdots & \eta_{mn} \end{pmatrix} \qquad (8-11)$$

基于灰色关联系数矩阵的改进 VIKOR 算法如下:

(1)确定正负理想解 η^+ 和 η^-。其中,

$$\eta^+ = (\max_{i} \eta_{ij} | 1 \leq j \leq n) = (\eta_1^+, \eta_2^+, \cdots, \eta_n^+), \qquad (8-12)$$

$$\eta^- = (\min_{i} \eta_{ij} | 1 \leq j \leq n) = (\eta_1^-, \eta_2^-, \cdots, \eta_n^-) \qquad (8-13)$$

(2)计算各方案的 S_i 和 R_i:

$$S_i = \sum_{j=1}^{n} w_j \frac{\eta_j^+ - \eta_{ij}}{\eta_j^+ - \eta_j^-} \qquad (8-14)$$

$$R_i = \max_{j} [w_j \frac{\eta_j^+ - \eta_{ij}}{\eta_j^+ - \eta_j^-}] \qquad (8-15)$$

(3)计算各方案的 Q_i:

$$Q_i = v\frac{S_i - S^+}{S^- - S^+} + (1-v)\frac{R_i - R^+}{R^- - R^+} \tag{8-16}$$

式中，$S^+ = \min_i S_i$；$S^- = \max_i S_i$；$R^+ = \min_i R_i$；$R^- = \max_i R_i$；v 为决策机制系数，为将群体效用最大化和负面影响最小化，此处采用均衡方式，取 $v = 0.5$。

（4）按照 Q_i，S_i，R_i 分别从小到大排序，每个序列中排在前面的方案比后面的优。根据文献丁日佳、孙晓阳（2016）的研究，当全部满足以下两个条件时可以按照 Q_i 值大小排列。

条件 1：可接受的优势阀值条件：

$$Q'' - Q' \geq 1/(n-1) \tag{8-17}$$

则 Q' 是排序中最优评价对象，Q'' 是排序中次优评价对象。

条件 2：可接受的决策可靠性条件：

排序第一的方案的 S 值或 R 值比排序第二方案的 S 值 R 值小。

当有数个方案时，依次比较排序第一、第二、第三等方案之间是否符合两个条件。评判准则是当排序第一的方案和排序第二的方案同时满足两个条件时，接受排序第一的方案为最优方案；若条件 2 不满足，则同时接受两个方案为最优方案；若条件 1 不满足，则同时接受不满足条件 1 的所有方案为最优方案。

（四）算例分析

为验证改进 VIKOR 模型在 4PL 供应商选择中的科学性，通过算例分析对模型进行检验。鉴于目前 4PL 供应商研究较少，数据获得性差的不足，此处以张滢（2009）的研究成果中企业对三个 4PL 供应商进行优选决策的算例数据为基础作为本章算例分析对象。利用文献中的数据既可以增强数据的可获取性，同时，可以增强不同方法数据结果的可对比性。由于构建的 4PL 供应商评价指标与文献中的指标有部分差别，特别是增加了供应链风险管理维度，因此，本指标数据是在原文献的基础上经过调整计算得出。规范化后的 4PL 供应商评价指标值及最佳值见表 8-3 所示。

表 8-3　规范化后的 4PL 供应商评价指标值及最佳值

指标	4PL 供应商			最佳值
	P1	P2	P3	
B1	0.9	0.82	1	1
B2	0.58	0.42	1	1
B3	0.8	0.7	0.9	0.9
B4	1	0.89	0.82	1
B5	1	0.8	0.9	1
B6	0.8	0.8	1	1
B7	0.49	1	0.98	1
B8	1	0.9	1	1
B9	1	0.7	0.9	1
B10	0.8	1	0.9	1
B11	0.9	0.7	0.9	0.9
B12	0.9	0.9	0.8	0.9
B13	1	1	0.82	1
B14	1	1	0.82	1
B15	0.8	0.7	0.9	0.9
B16	0.9	0.8	0.9	0.9
B17	0.9	0.6	0.7	0.9
B18	0.7	0.6	0.9	0.9
B19	0.7	0.9	0.7	0.9

根据公式（8-11）—（8-13）可计算出 4PL 供应商灰色关联系数及基于灰色关联系数矩阵的正负理想解，见表 8-4 所示。

表 8-4　4PL 供应商灰色关联系数及基于灰色关联系数矩阵的正负理想解

关联系数标	4PL 供应商			正理想解	负理想解
	P1	P2	P3		
η_{i1}	0.7436	0.6170	1.0000	0.6170	1.0000
η_{i2}	0.4085	0.3333	1.0000	1.0000	0.3333

续表

关联系数标	4PL 供应商			正理想解	负理想解
	P1	P2	P3		
η_{i3}	0.7436	0.7436	1.0000	1.0000	0.7436
η_{i4}	1.0000	0.7250	0.6170	1.0000	0.6170
η_{i5}	1.0000	0.5918	0.7436	1.0000	0.5918
η_{i6}	0.5918	0.5918	1.0000	1.0000	0.5918
η_{i7}	0.3625	1.0000	0.9355	1.0000	0.3625
η_{i8}	1.0000	0.7436	1.0000	1.0000	0.7436
η_{i9}	1.0000	0.4915	0.7436	1.0000	0.4915
η_{i10}	0.5918	1.0000	0.7436	1.0000	0.5918
η_{i11}	1.0000	0.5918	1.0000	1.0000	0.5918
η_{i12}	1.0000	1.0000	0.7436	1.0000	0.7436
η_{i13}	1.0000	0.4203	0.4915	1.0000	0.4203
η_{i14}	1.0000	1.0000	0.6170	1.0000	0.6170
η_{i15}	0.7436	0.5918	1.0000	1.0000	0.5918
η_{i16}	1.0000	0.7436	1.0000	0.7436	1.0000
η_{i17}	1.0000	0.4915	0.5918	0.4915	1.0000
η_{i18}	0.5918	0.4915	1.0000	0.4915	1.0000
η_{i19}	0.5918	1.0000	0.5918	0.5918	1.0000

根据公式（8-14）—（8-15）可计算 4PL 供应商的群体效益值 S_i 和个别遗憾值 R_i。通过计算可知，

$S^+ = \min_i S_i = 0.4627$；$S^- = \max_i S_i = 0.5588$；$R^+ = \min_i R_i = 0.0896$；$R^- = \max_i R_i = 0.1036$。根据公式（8-16）可计算 4PL 供应商的利益比率 Q_i，3 个 4PL 供应商根据 S_i，R_i 及 Q_i 的排序结果见表 8-5 所示。

表 8-5 4PL 供应商的 Sj、Rj、Qj 及排序

选择对象	P_1	P_2	P_3
S_j	0.4797	0.5588	0.4627
R_j	0.1036	0.0896	0.0896

续表

选择对象	P_1	P_2	P_3
Q_j	0.5886	0.5	0
S	2	3	1
R	3	2	1
Q	3	2	1

4PL 供应商选择结果分析。依据改进的 VIKOR 模型对 4PL 供应商的选择排序结果为 $P_3 > P_2 > P_1$。因此，建议选择 P_3 作为最优 4PL 供应商。通过与张滢（2009）的优选结果 $P_3 > P_1 > P_2$ 对比可以发现，最优方案具有一致性，P_2 与 P_1 的选择顺序发生变化的主要原因可能是由于加入供应链风险管理评价指标及对原文部分评价指标进行改进所致。研究结果表明，4PL 供应商中 P_3 供应商具有较强的稳定性和优越性，在供应链整合协作能力、供应链风险管理能力、及市场竞争力和管理组织能力反面均表现出非常强的竞争优势。研究结果表明信息熵–VIKOR 模型在 4PL 供应商选择中具有较好的稳健性和适用性。

（五）本章小结

企业 SMC 模式的成功实施离不开优质供应商的支持。本章以 4PL 供应商为例，基于对 4PL 供应商特征、主导因素的挖掘，构建了包括供应链资源整合能力、风险管理能力、数据信息处理能力、管理组织能力及市场竞争能力在内的 4PL 供应商选择的评价指标体系，使 4PL 供应商的评价指标体系更加突出 4PL 供应商的特性及"互联网+""大数据"技术应用等新经济环境的要求；同时，通过客观赋权方法信息熵法确定指标的权重，通过引入在样本数据规律挖掘方面具备优良性能的灰色关联分析，构建了 VIKOR 多属性 4PL 供应商选择决策模型。研究结果表明构建的 4PL 供应商选择的评价指标体系能够反映当前新经济条件下的 4PL 供应商优选目标，通过信息熵进行指标客观赋权，通过引入灰色关联分析改进 VIKOR 方法下的 4PL 供应商优选决策模型具有较强的科学性和适用性。

本章的研究为企业在"互联网+""大数据"等新信息技术快速发展及社会风险不断加剧的情境下加强和改进对4PL供应商的选择决策具有重要的理论指导意义。同时，对4PL供应商本身来说，4PL供应商需要不断增强自身的供应链资源整合能力、风险管理能力、数据信息处理能力、管理组织能力及市场竞争能力才能在市场中保持竞争优势。

九、服务供需能力均衡下的供应链资源整合决策

（一）本章引言

SMC模式下供应链运作的一大挑战是服务能力与服务需求的匹配问题。如何基于"不同个性化服务需求"进行"供应链资源整合"直接决定了服务企业"个性化服务能力"状况的优劣（Boyer和Hult，2005；Çelik，2011）。本章以网购企业为例，从网购需求与网购服务能力均衡角度，研究了网购供应链整合的决策优化问题。

伴随互联网和移动互联技术发展，网购企业在面临机遇的同时也面临了诸多挑战，越来越多的网购企业认识到低价竞争已经不是提升竞争优势的核心手段，如何满足客户的个性化购物体验才是应该关注的战略焦点。但随着网购商品种类、客户数量不断增多，交易地域越来越广，客户个性化服务需求理念不断提升，在如何提高供应链资源整合的灵活性、如何提升资源个体协作收益和降低风险、如何有效进行不确定需求环境下的供应链资源整合和利用等相关问题上，给网购企业提出了新的挑战。比如物流"爆仓"、外包业务诚信、人为操纵买卖信誉问题等，其原因也主要在于网购企业的供应链资源整合不合理所致。因此，如何对复杂网购供应链资源进行整合、运作与监控，在满足客户个性化需求水平前提下实现各成员当前与长远收益最大化是一个必须解决的课题。

需要注意的是，与传统线下供应链运作不同的是，网购个性化服务需求具有更加明显的动态性和不确定性（朱道立等，2011），这决定了认识和处理供应链资源整合中的随机性与不确定性将是一个值得思考的重要问题，而如何应对这一问题也是预防和处理网购中经常发生的能力过剩与爆仓问题

的重要手段。尽管生产型 MC 模式下有关动态和不确定需求环境下的供应链运作问题已得到应有的重视（姚建明、刘丽文，2008；Yao，2010；姚建明，2011a，2011b），但 SMC 模式下的相关研究较少。基于此，本章从供需能力的均衡及整合的主导因素入手，对具有 SMC 典型特征的网购供应链资源整合问题进行研究。

（二）SMC 模式下供需能力均衡分析

1. 网购供应链资源整合特征及需求模式

网购企业整合资源时主要涉及供应商、物流企业（自营物流或 3PL）及其他资源个体（如银行或第三方支付机构）等，如图 9-1 所示。各资源是通过系统中的物资流、资金流和信息流有效链接到一起的。网购企业为了通过自己的平台给客户提供个性化服务，应把握客户不同个性化服务需求（包括可预计需求和不确定需求）的特征，明确给客户提供不同个性化服务（包括不同服务模式及组合服务模式）。对供应链服务能力所提出的具体要求，在不同时间点供（供应链资源能力供给）——需（个性化服务需求）动态均衡关系引导下，进行供应链资源整合决策，在满足客户个性化服务满意度的前提下，提升供应链协作资源的各方收益、降低协作风险。

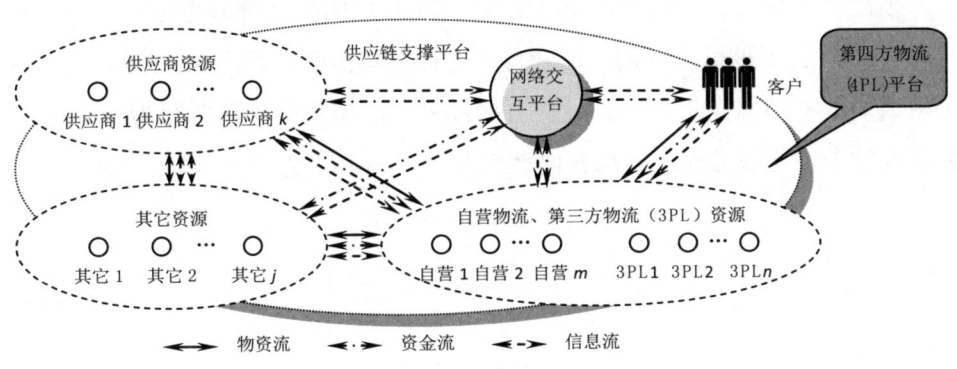

图 9-1　4PL 整合网购供应链资源框架示意

与线下渠道相比，网购在客户购物需求的多样化和个性化方面更具优势。其优势一方面来源于更广的客户覆盖面，不仅能够反映多层次客户在不同时点上的计划性需求，还能够有效满足客户的动态需求；另一方面，网购平台具有基于信息技术柔性、动态和多接口特征，便于与不同供应链资源进行有效、灵活整合。网购企业在进行资源整合时，不仅要充分考虑一般客户对网购供应链服务能力所提出的要求，而且要对难以预计的随机、突发性网购服务能力进行资源的战略规划，使整合方案更具可行性的同时灵活应对网购中"爆仓"等特殊问题。

要实现上述目的，首先需了解网购客户的个性化服务需求模式。通过对当前主流网购平台的考察，表9-1所示为网购个性化服务需求模式的一个划分示例。

表9-1 网购个性化服务需求模式示例

获取服务模式	物流服务模式	支付服务模式	…	售后服务模式
1（例：供应商）	1（例：送货上门）	1（例：货到现金支付）	…	1（例：上门安装）
2（例：自营）	2（例：自提点自提）	2（例：货到POS支付）	…	2（例：退货上门取货）
3（例：组合调拨）	3（例：自助邮箱）	3（例：网上支付）	…	3（例：自提点退货）
…	…	…	…	…
模式1（$m=1$）	模式2（$m=2$）	模式3（$m=3$）	…	模式M（$m=M$）

根据该示例分析，可进行如下设定：表9-1中的M种服务模式，每个模式m中都有若干种可供网购企业和客户选择的具体属性（由a_{nm}表示，n为同一模式中的不同属性索引，并设拥有属性最多的模式中属性总数为N），则网购企业的个性化服务模式的总合属性集合A可以表示为式（9-1）所示。

$$A = \begin{bmatrix} a_{11} & a_{12} & \cdots & a_{1M} \\ a_{21} & a_{22} & \cdots & a_{2M} \\ \cdots & \cdots & \cdots & \cdots \\ a_{N1} & a_{N2} & \cdots & a_{NM} \end{bmatrix} \quad (9-1)$$

由于不同网购企业的战略定位不同、目标客户的差异以及自身资源及能力的制约，必然导致其在不同战略规划期提供给客户可供选择的个性化服务模式具有差异，这种差异性将通过表9-1中模式的不同组合加以体现。根据网购企业的战略规划，设其针对模式m的属性选择系数矩阵F_m为：

$$F_m = (f_{m1}, f_{m2}, \cdots, f_{mN}) \quad (9-2)$$

其中，f_{mi} 为属性选择系数；$f_{mi}=0$ or 1（$m=1, 2, \cdots, M$; $i=1, 2, \cdots, N$），当且仅当属性 a_{im} 有效时 $f_{mi}=1$，否则 $f_{mi}=0$。

将式（9-2）右乘式（9-1），得式（9-3）所示的网购客户个性化服务需求组合模式矩阵 AF。

$$AF = \begin{bmatrix} a_{11}f_{11} & a_{12}f_{21} & \cdots & a_{1M}f_{M1} \\ a_{21}f_{12} & a_{22}f_{22} & \cdots & a_{2M}f_{M2} \\ \cdots & \cdots & \cdots & \cdots \\ a_{N1}f_{1N} & a_{N2}f_{2N} & \cdots & a_{NM}f_{MN} \end{bmatrix} \quad (9-3)$$

2. 网购的供需能力均衡分析

显然，不同的网购服务模式及其组合模式必须由不同的供应链资源来提供，这一关系可以描述为图9-2所示。在图9-2中，不同的个性化服务模式（包括组合模式）需要不同的供应链服务能力（包括组合服务能力）来匹配，这反映了网购活动中服务能力供需之间的匹配关系。在动态性较强的网购环境下，供需能力的均衡除了需要相互动态适应之外，还需要从战略角度考虑特殊的供需能力弹性均衡关系。该弹性均衡关系主要受到两个重要因素的影响和制约；一是个性化服务模式及组合模式属性特征的差异；二是不同能力类别（常规能力、应急能力、战略潜在能力）的差异。

由于不同个性化服务模式及其组合模式所需的资源时间点、特征、强度以及资源间关系不同，在针对不同服务模式进行资源整合时，网购企业有必要对不同模式（及组合模式）下可利用供应链资源进行仔细甄别和筛选，寻找最佳资源整合方式。

（1）网购企业所需的服务能力

前文指出，与线下环境相比，网购商品种类、数量繁多，客户地域广且需求复杂等特征决定了其个性化服务需求的动态性和不确定性，且往往引起网购中多方面的问题出现、打破正常运行。比如，由于节假日或特殊日期（如店庆日、情人节、光棍节等）需求高峰导致的订单量激增，超出物流处理能力，造成交货延迟或服务质量受损；由于合作的第三方物流企业履约力或诚信力度不足，导致客户收益受损等。

因此，对网购企业而言，为了更好地满足不同时期的客户需求，有效应对由于客户需求不确定和协作过程导致的不确定因素对客户服务水平的影响，除了需要保证常规服务能力外，还需要对特殊时间阶段内的应急服务能力有所考虑和准备。此外，基于自身长远发展考虑的战略潜在能力的培育也是不容忽视的重要方面，如图9-3所示。在图9-3中，t_{ES}为应急服务能力的起始时刻、t_{EE}为结束时刻。

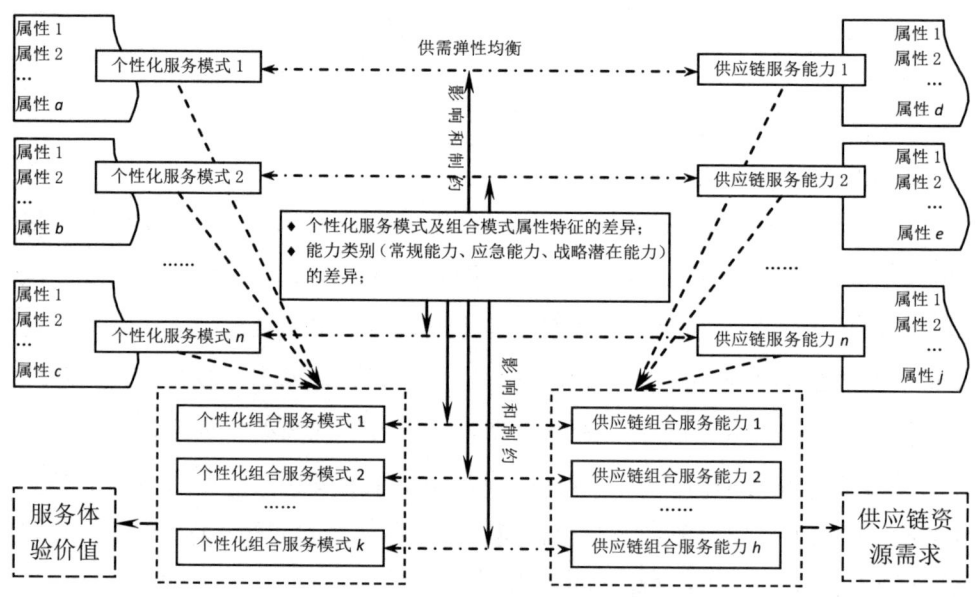

图9-2 供需能力的弹性均衡关系

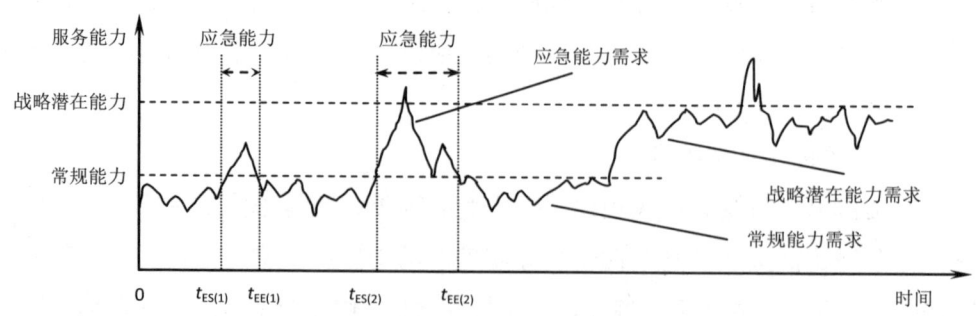

图9-3 网购企业动态能力需求示意

(2) 不同服务能力下所需关注焦点的差异

从网购企业的战略发展角度讲，常规服务能力是网购企业当前一段时间内为满足客户个性化需求必须具备的能力，因此在该能力方面，网购企业的首要重点是能力大小的符合度以及能力的质量要求；而应急服务能力则是为了应对网购中的突发事件所应提前做好准备的能力，因此除能力的质量要求以外，该能力有效性的时间窗吻合度是非常重要的评价方面；对于战略潜在能力而言，由于该能力主要是建立在对未来的服务定位及需求预测基础上的，其不确定性也较强，因此加强该能力的弹性无疑是一个重要方面。表 9-2 所示为网购个性化服务三种不同的需求能力，针对不同整合能力属性指标偏好情况的比较示例，偏好情况由重要度反映。可以看出，由于不同能力的要求不同，网购企业在针对不同能力进行资源整合的规划与实施时必须对不同的能力属性有所区别和侧重，在实现收益最大化的同时降低风险。

表 9-2　网购个性化服务需求能力属性重要性比较（"√"越多越重要）

整合能力属性指标	常规服务能力	应急服务能力	战略服务能力
能力大小的符合度	√√√√√	√√√√	√√√√
能力有效性时间窗的吻合度	√√√√	√√√√√	√√√
能力弹性的大小	√√√	√√√	√√√√
服务能力的质量	√√√√	√√√√	√√√√
……	……	……	……

(三) 资源整合决策机理与整合流程

1. 供应链资源整合的关键

由于网购涉及供应链资源类型多、分布广、动态性强，要实现整合，合理评判与选取优质资源是必须的，因此应首先明确将通过哪些因素来把握资源个体的整合适宜度。

如表 9-1 所示，不同网购个性化服务模式在网购中所提供的功能和作用是不同的，如物流服务模式中，属性1（送货上门）、属性2（自提点自提）、属性3（自助邮箱）等都是围绕配送服务展开的，与这一服务模式对应的供应链资源应该是第三方物流企业（3PL）或网购企业的物流部门等。网购企业在进行这些物流资源整合时，需要从被整合对象的若干特征方面进行权衡。比如，当网购企业针对送货上门属性进行资源的评价和选择时，如果某些3PL的配送网络较广，配送人员数量多、素质和效率高，信息化程度较高（配送跟踪定位较容易），则必然要受到网购企业的重视。

换句话说，不同客户的个性化需求模式属性决定了网购企业如何满足客户的网购需求、如何提升客户在网购过程中的体验价值问题；而这一价值的提供需要由网购企业选择与整合合适的供应链资源来完成，这正是供应链资源整合的关键点所在。因此，可以通过考察不同个性化需求模式属性的状况来挖掘供应链资源个体的考评因素，即供应链资源整合的主导因素。

另一方面，根据上述分析可知，网购企业针对不同能力进行资源整合时必然有所区别和侧重，因此即便是针对同样类型的个性化服务模式属性，在进行主导因素挖掘时也应该根据不同能力的侧重点有所区别。比如，同样是选择3PL资源个体去实现物流模式中的送货上门属性，针对常规能力和应急能力整合时，可能对协作成员的组织文化因素并不是特别看重，但是针对战略潜在能力进行整合时，特别是当网购物流业务是国际化经营的，资源个体的组织文化因素必然应该作为一个重要的主导因素来进行考虑。因此，如何根据网购个性化服务模式的特征，挖掘和筛选出合适的主导因素是进行供应链资源整合的关键。

2. 主导因素的筛选

为了实现上述问题，须首先构建如表9-3所示的主导因素关系表。表9-3中，$h_{xx(nm)}$为网购个性化服务各属性（a_{nm}）同供应链资源个体各特征之间在不同能力类型下的相关关系，整合时$h_{xx(nm)}$可以根据实际情况赋值（$0 \leq h_{xx(nm)} \leq 1$）。

表9-3 个性化服务模式某属性对应的资源整合主导因素关系

服务类型	能力类型	战略重视度	供应链资源个体特征				
			特征1	特征2	特征3	⋯	特征K_{nm}
服务模式属性(a_{nm})	常规服务能力	$w_{1(nm)}$	$h_{11(nm)}$	$h_{12(nm)}$	$h_{13(nm)}$	⋯	$h_{1Knm(nm)}$
	应急服务能力	$w_{2(nm)}$	$h_{21(nm)}$	$h_{22(nm)}$	$h_{23(nm)}$	⋯	$h_{2Knm(nm)}$
	战略潜在能力	$w_{3(nm)}$	$h_{31(nm)}$	$h_{32(nm)}$	$h_{33(nm)}$	⋯	$h_{3Knm(nm)}$
不同特征重要度			$g_{1(nm)}$	$g_{2(nm)}$	$g_{3(nm)}$	⋯	$g_{Knm(nm)}$
主导因素筛选规则			$f(g_i)$, $i=1, 2, ⋯, K_{nm}$				
挖掘出的主导因素			$D_{(nm)}=\{d_{1(nm)}, d_{2(nm)}, ⋯, d_{p(nm)}\}$, $p \leq K_{nm}$				

基于网购企业的业务特征及战略定位考虑，表9-3中，"战略重视度"权重（$w_{1(nm)}$、$w_{2(nm)}$、$w_{3(nm)}$、）表示了网购企业对该能力类别的战略重视程度。比如，某网购企业在未来一段时期内，根据自己的战略定位认为应该将主要精力放在常规服务能力方面，则将赋予$w_{1(nm)}$较大的权重值。

资源整合时，对表9-1中任一客户服务模式中的任一有效属性（即式（9-2）中的属性选择系数$f_{mi}=1$），都须根据表9-3所示关系挖掘出其对应的主导因素，进而为后续资源整合决策作铺垫，挖掘步骤如下。

（1）根据表9-3关系，按式（9-4）计算供应链资源个体不同特征的重要度$g_{i(nm)}$，其中：$i=1, 2, ⋯, K_m$。

$$g_{i(m)} = w_{1(m)}h_{1i} + w_{2(m)}h_{2i} + w_{3(m)}h_{3i} \quad (9-4)$$

（2）确定主导因素的筛选规则。由于资源个体的特征较多，如果全部选为资源整合决策的因素显然太多且没有轻重之分，因此应在诸多因素中选出非常重要的主导因素。为此，可设定主导因素筛选规则，如通过判断式（9-4）是否大于某一数值作为筛选标准（如设$g_i > 0.5$或者g_i大于其平均值等）。

（3）确定整合主导因素集合。对表9-1中每个服务模式的属性进行上述操作，得出对应的主导因素集合，如式（9-5）所示，其中：$m=1, 2, ⋯, M$；$n=1, 2, ⋯, N$。

$$D_{(nm)} = \{d_{1(nm)}, d_{2(nm)}, \cdots, d_{p(nm)}\} \quad\quad (9-5)$$

3. 资源整合决策机理

有了上述主导因素，网购企业可以通过对各供应链资源个体在各主导因素上表现出的运作水平来把握及衡量资源个体的整合适宜情况。然而，作为一个系统性问题，整合供应链资源的过程不仅是一个简单的个体优选问题（在现实中，资源个体的各项特征都符合整合主体的要求是很少见的），更重要的是通过整合来改造资源个体，使供应链系统整体运作水平提升的过程。

换句话说，从战略角度讲，供应链资源整合时所选择的资源很少在各项特征上都完全具有优势。如果被整合资源具有某特征上的弱势，仍可以通过对该资源的改造提升其运作水平，以达到整合主体的各项要求。比如，某网购企业以前一直采取自提点自提的物流配送方式，如今想要拓展上门配送服务。在寻找供应链资源进行整合时，首先想到的是与其合作多年的 3PL 企业 A。A 企业虽然具有良好的合作信誉记录与信息化水平，但配送人员短缺。尽管这样，网购企业仍可选择整合 A，但是需要对 A 企业的配送人员能力不足的特征进行改善。

显然，不论是对资源个体优势特征的调节还是对其劣势特征进行改善，必然都需要投入成本，这是资源整合输入成本的重要方面。衡量整合成本投入大小及整合后供应链整体运作水平的提升（整合的输出）程度无疑是整合决策时需要考虑的重要方面与整合能否成功的前提。还需注意的是，由于资源个体各运营特征之间可能具有一定相关性，因此在整合时投入某一主导因素运作水平改善的成本也可能对其他主导因素的运作水平改善产生影响。

4. 资源整合决策流程

基于上述分析，网购个性化服务模式下的供应链资源整合决策流程如图 9-4 所示。整合决策时，网购企业一方面要根据自身战略定位所确定的个性化服务业务进行主导因素的挖掘；另一方面，要将整合以用来提供常规服务能力、应急服务能力以及战略潜在能力的资源加以区别，并在主导因素挖掘中进行反映。由于同时考虑了不同网购服务能力的差异以及反映资源个体运作特征的主导因素作为整合决策的基础，因此将在决策优化模型构建中充分体现出这两点。

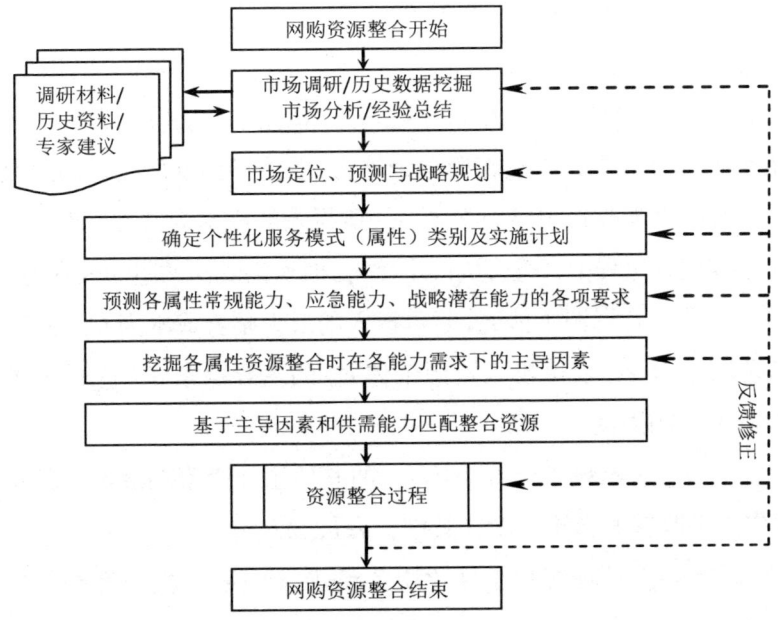

图9-4　网购个性化服务模式下的供应链资源整合流程

（四）供应链整合决策优化模型

在构建整合决策优化模型之前，需对主导因素的运作水平进行量化处理，同时为使用无量纲参数实现多目标的合成，还需要对模型目标函数中的优化参数进行规范化处理，处理方法参见（姚建明、刘丽文，2008）。

根据动态资源整合的特点，设在某整合时点 t，网购企业根据自身战略定位考虑所需整合供应链资源个体类别（包括既有的和新建个体）为 $M \times N$ 类，该类别可基于表9-1所示个性化服务模式类别划分。对具有处理多个服务模式能力的资源个体而言，仍可以这样的划分，只需将其分属于不同服务模式的业务看待为不同的供应链资源个体即可。

设各类别资源中可供整合的个体数为 R_{mn}，每个个体索引为 r_{mn}（$m=1, 2, \cdots, M$；$n=1, 2, \cdots, N$）。

设资源整合后，网购企业针对主导因素 $d_{p(nm)}$（$p=1, 2, \cdots, K_{nm}$）的期望运作水平为 $F(d_{p(nm)})$；

设整合前，资源个体 r_{mn} 与主导因素 $d_{p(nm)}$ 对应运作水平的实际值为 $F(d_{p(nm)}).r_{mn}$；整合后的实际值为 $F^*(d_{p(nm)}).r_{mn}$；

设整合后，资源个体 r_{mn} 对应主导因素 $d_{p(nm)}$ 运作水平的改善增量为 $\triangle F(d_{p(nm)}).r_{mn}$，则有 $\triangle F(d_{p(nm)}).r_{mn}=F^*(d_{p(nm)}).r_{mn}-F(d_{p(nm)}).r_{mn}$ 成立；

设资源整合过程中，为改善资源个体 r_{mn} 的主导因素所投入的总改善成本为 $C_{TC}.r_{mn}$。其中，为改善主导因素 $d_{p(nm)}$ 所投入的成本为 $\triangle C(d_{p(nm)}).r_{mn}$；

设供应链整合过程中，整合资源个体 r_{mn} 时所需支出的附加成本为 $C_{ADD}.r_{mn}$；

设网购企业整合资源个体 r_{mn} 时可投入的最大整合成本为 $C_{MAX}.r_{mn}$；

设 $X(d_{p(nm)}).r_{mn}$ 表示投入资源个体 r_{mn} 的主导因素 $d_{p(nm)}$ 的成本对该因素自身改善的影响力度；

设 $Z_{vp(nm)}.r_{mn}$ 表示投入资源个体 r_{mn} 的其他主导因素的成本对其主导因素 $d_{p(nm)}$ 运作水平改善的影响力度，其中，$v=1, 2, \cdots, p(nm)$；

设资源个体 r_{mn} 处理客户个性化服务模式 m 中第 i_m 类属性相关任务的平均运作成本为 $C(r_{mn}i_m)$；

设资源个体 r_{mn} 处理客户个性化服务模式 m 中第 i_m 类属性相关任务的平均时间窗误差为 $T(r_{mn}i_m)$；

设资源个体 r_{mn} 为个性化服务模式 m 中第 i_m 类属性相关任务提供的质量为 $Q(r_{mn}i_m)$，而该类任务实际所需质量标准为 $Q^*(i_m)$。

设资源个体 r_{mn} 在整合期内为个性化服务模式 m 中第 i_m 类属性相关任务提供的常规总合能力为 $A(r_{mn}i_m)$（未考虑能力弹性），而整合期内该类任务所需最小能力需求为 $A^*(i_m)_{min}$；

设资源个体 r_{mn} 在整合期内为个性化服务模式 m 中第 i_m 类属性相关任务提供能力的平均弹性为 $\varepsilon(r_{mn}i_m)$；

设资源个体 r_{mn} 针对客户个性化服务模式 m 中第 i_m 类属性任务有效性的起始时刻为 $T_{sta.}(r_{mn}i_m)$、结束时刻为 $T_{end.}(r_{mn}i_m)$，而第 i_m 类属性任务实际所需起始时刻为 $T_{sta.}(i_m)$、结束时刻为 $T_{end.}(i_m)$，则资源个体 r_{mn} 针对个性化服务模式 m 中第 i_m 类属性任务有效性的起始时刻误差为 $\Theta_{sta.}(r_{mn}i_m)=|T_{sta.}(r_{mn}i_m)-T_{sta.}(i_m)|$，结束时刻误差为 $\Theta_{end.}(r_{mn}i_m)=|T_{end.}(r_{mn}i_m)-T_{end.}(i_m)|$，总合时限性误差为 $\Theta(r_{mn}i_m)=\Theta_{sta.}(r_{mn}i_m)+\Theta_{end.}(r_{mn}i_m)$；

设整合时,网购企业对第 i_m 类属性任务的有效性起始时刻误差容忍量为 $\Theta^*_{\text{sta.}}(i_m)$、结束时刻误差容忍量为 $\Theta^*_{\text{end.}}(i_m)$,则 i_m 类属性任务资源有效性的时限性总和容忍量为 $\Theta^*(i_m)$,即 $\Theta^*(i_m) = (\Theta^*_{\text{sta.}}(i_m) + \Theta^*_{\text{end.}}(i_m))$。

定义变量 $\delta(r_{mn})$,如果个体 r_{mn} 被作为整合对象 $\delta(r_{mn})=1$;否则,$\delta(r_{mn})=0$。

模型如下:

$$\min Z_1 = \min C_{\text{个性化服务成本}}$$
$$= \min \sum_{m=1}^{M}\sum_{n=1}^{N}\sum_{r_{mn}=1}^{R_{mn}} C(r_{mn}i_m)\delta(r_{mn}) \quad (9\text{-}6)$$

$$\min Z_2 = \min T_{\text{个性化服务的时间窗误差}}$$
$$= \min \sum_{m=1}^{M}\sum_{n=1}^{N}\sum_{r_{mn}=1}^{R_{mn}} T(r_{mn}i_m)\delta(r_{mn}) \quad (9\text{-}7)$$

$$\min Z_3 = \min \theta_{\text{资源有效性的时间窗误差}}$$
$$= \min \sum_{m=1}^{M}\sum_{n=1}^{N}\sum_{r_{mn}=1}^{R_{mn}} \theta(r_{mn}i_m)\delta(r_{mn}) \quad (9\text{-}8)$$

$$\max Z_4 = \max \varepsilon_{\text{资源的能力弹性}}$$
$$= \max \sum_{m=1}^{M}\sum_{n=1}^{N}\sum_{r_{mn}=1}^{R_{mn}} \varepsilon(r_{mn}i_m)\delta(r_{mn}) \quad (9\text{-}9)$$

s.t.

$$\Delta F(d_{p(nm)}).r_{mn}$$
$$= \Delta C(d_{p(nm)}).r_{mn} \times X(d_{p(nm)}).r_{mn}$$
$$+ \sum_{v=1}^{u-1}[\Delta C(d_{v(nm)}).r_{mn} \times Z_{vp(nm)}.r_{mn}] \quad (9\text{-}10)$$
$$+ \sum_{v=u+1}^{p(nm)}[\Delta C(d_{v(nm)}).r_{mn} \times Z_{vp(nm)}.r_{mn}]$$

$$F^*(d_{p(nm)}).r_{mn} \geq F(d_{p(nm)}) \quad (9\text{-}11)$$

$$\sum_{p(nm)=1}^{K_{nm}} \Delta C(d_{p(nm)}).r_{mn} + C_{\text{ADD}}.r_{mn} \leq C_{\text{MAX}}.r_{mn} \quad (9\text{-}12)$$

$$\left|T_{\text{Sta.}}(r_{mn}i_m) - T_{\text{Sat.}}(i_m)\right| \leq \theta^*_{\text{Sat.}}(i_m) \quad (9\text{-}13)$$

$$\left|T_{\text{end.}}(r_{mn}i_m) - T_{\text{end.}}(i_m)\right| \leq \theta^*_{\text{end.}}(i_m) \quad (9\text{-}14)$$

$$\sum_{r_{mn}=1}^{R_{mn}} A(r_{mn}i_m)[1+\varepsilon(r_{mn}i_m)] \geq A^*(i_m)_{\min} \quad (9\text{-}15)$$

$$Q(r_{mn}i_m) \geq Q^*(i_m) \quad (9\text{-}16)$$

其中：$\delta(r_{mn}) = \begin{cases} 1 & \text{若个体} r_{mn} \text{是被整合对象} \\ 0 & \text{其他情况} \end{cases}$ ；

模型中，式（9-6）—（9-9）为多目标函数，从资源整合的时效性、能力匹配状况以及资源整合后处理网购客户个性化服务任务的成本、时间四个角度进行组合优化。式（9-10）为系统主导因素运作水平的改善增量同投入各主导因素整合成本之间的关系约束；式（9-11）为整合资源后主导因素的运作水平约束；式（9-12）为网购企业整合资源时投入整合成本的约束；式（9-13）、（9-14）为资源个体有效性的时间性约束；式（9-15）为资源个体提供服务活动的能力约束，保证被整合的第 r_{mn} 类若干资源在能力弹性下的总服务能力能够满足该个性化服务模式中对应 i_m 属性任务所需的最小能力；式（9-16）为资源个体提供服务活动的质量约束。

（五）求解算法分析

由于上述决策问题需处理多种复杂关系，这里选取蚁群算法求解，同时需要对其进行改进。构筑算法时，将待整合的每个供应链资源个体看作一个独立单元，每个单元在整合过程中都拥有相对确定的运作参数。设待整合资源网络由源点、宿点及二者之间的资源个体节点构成。资源网络的划分与不同个性化服务模式相关属性任务动态对应。算法中，蚂蚁从源点通过网络移动到宿点，随后死亡。设定蚂蚁单向运动，不同路径上的信息素量将根据不同资源个体的整合运作参数智能确定。

为体现算法在处理多任务资源并行整合中的优越性，将蚂蚁类别的划分与网购个性化服务模式中不同的属性任务进行对应，每类蚂蚁用 A_{mn}（$m=1, 2, \cdots, M; n=1, 2, \cdots, N$）表示。设 A_{mn} 的可行域为资源个体集合

$\Gamma_{mn}=\{r_i|i=1, 2, \cdots, R_{mn}\}$，个体由 $r_{(mn)i}$ 表示。蚂蚁对不同路径的选择概率由两部分确定。

①路径对蚂蚁的吸引概率。资源整合的优化目标之一为网购个性化服务成本最小化，设 A_{mn} 类蚂蚁经过 $r_{(mn)i}$ 后遗留信息素量（由 $\pi_{A.(mn)i}$ 表示）同服务成本 C 成反比，则个体 $r_{(mn)i}$ 对 A_{mn} 的 A 类吸引概率为：

$$P_A^A = \pi_{A.(mn)i} / \sum_{i=1}^{R_{mn}} \pi_{A.(mn)i} \quad (9-17)$$

由于资源整合的优化目标之二为网购个性化服务时间窗误差最小化，故设 A_{mn} 类蚂蚁经过 $r_{(mn)i}$ 后遗留信息素量（由 $\pi_{B.(mn)i}$ 表示）同时间窗误差 T 成反比，则个体 $r_{(mn)i}$ 对 A_{mn} 的 B 类吸引概率为：

$$P_A^B = \pi_{B.(mn)i} / \sum_{i=1}^{R_{mn}} \pi_{B.(mn)i} \quad (9-18)$$

由于资源整合的优化目标之三为资源有效性的时间窗误差最小化，设 A_{mn} 类蚂蚁经过 $r_{(mn)i}$ 后遗留信息素量（由 $\pi_{C.(mn)i}$ 表示）同资源有效性的时间窗误差 θ 成反比。则个体 $r_{(mn)i}$ 对 A_{mn} 的 C 类吸引概率为：

$$P_A^C = \pi_{C.(mn)i} / \sum_{i=1}^{R_{mn}} \pi_{C.(mn)i} \quad (9-19)$$

由于资源整合的优化目标之四为资源的能力弹性最大化，故设 A_{mn} 类蚂蚁经过 $r_{(mn)i}$ 后遗留信息素量（由 $\pi_{D.(mn)i}$ 表示）同资源个体的能力弹性 ε 成正比。则个体 $r_{(mn)i}$ 对 A_{mn} 的 D 类吸引概率为：

$$P_A^D = \pi_{D.(mn)i} / \sum_{i=1}^{R_{mn}} \pi_{D.(mn)i} \quad (9-20)$$

②路径对蚂蚁的排斥概率。为实现整合的能力约束问题，设定排斥概率以解决可能的某节点蚁流拥塞问题。设非 A_{mn} 类蚂蚁在通过某节点 $r_{(mn)i}$ 后留下的信息素量为 $\rho_{(pq)i}$，则其对 A_{mn} 的排斥概率为：

$$P_R = \rho_{(pq)i} / \sum_{i=1}^{R_{mn}} \rho_{(pq)i}; \quad (9-21)$$

$(p=m, q \neq n; p \neq m, q=n; p \neq m, q \neq n)$

③蚂蚁选择路径的概率计算。通过以上①、②分析，定义 A_{mn} 选择资源个体 $r_{(mn)i}$ 的概率为：

$$P_{(mn)i} = \alpha P_A^A + \beta P_A^B + \gamma P_A^C + \xi P_A^D + \zeta(1-P_R) \quad (9-22)$$

式中，

$\alpha, \beta, \gamma, \xi, \zeta (0 < \alpha, \beta, \gamma, \xi, \zeta < 1; \alpha + \beta + \gamma + \xi + \zeta = 1)$ 为调整系数，反映了吸引和排斥概率的期望权重。

由于蚂蚁只具有单向运动性，因而对资源个体节点信息素的更新由算法自动完成。为表示简化，由 Φ 统一代表上述 π_A、π_B、π_C、π_D 和 ρ，更新规则为：

$$\begin{aligned}\Phi(t+1) &= \Phi(t) + \Delta\Phi(t,t+1) - \omega\Phi(t) \\ &= (1-\omega)\Phi(t) + \Delta\Phi(t,t+1)\end{aligned} \quad (9-23)$$

其中，$\Phi(t)$ 和 $\Phi(t+1)$ 分别为蚂蚁第 t 和 $t+1$ 次通过某个体后遗留的总和信息数量；$\Delta\Phi(t, t+1)$ 为第 $t+1$ 次遗留信息素量；ω（$0<\omega<1$）为信息素的挥发系数。

算法步骤如下：STEP1：确定待整合资源类别，构造蚂蚁对应类别，确定每类蚂蚁的可行域；STEP2：根据式（9-17）—（9-21）确定不同蚂蚁类别经过不同资源个体时遗留信息素量及其与优化参数之间的关系；STEP3：分析确定整合决策各目标优化的期望满意水平；STEP4：设定及调整 α、β、γ、ξ、ζ 等值；STEP5：在源点产生第 t 批次（初始 $t=1$）蚂蚁，每批次中包含各类蚂蚁若干，使其向宿点运动，到达后全部消失。按式（9-23）所示规则更新信息素；蚂蚁批次自动加 1，即 $t = t + 1$；STEP6：记录该批次中各资源个体对应节点通过的蚂蚁数量，判断是否达到稳定值（即和前一批次相比选择该节点的蚂蚁数量无明显变化，或连续几批次中蚂蚁数量均在某值附近小范围内变动）。如已稳定，按各类蚂蚁在节点中分配数量情况进行资源整合。计算此时各目标的优化水平，判断其是否达到期望满意水平，如果达到则算法停止，按结果实施整合决策。否则转 STEP5。若经过所有批次蚂蚁还无法达到平衡，需重新调整各类参、系数值，即转到 STEP4。若算法经长时间执行后，各项指标无法达到满意水平，应对期望满意水平进行相应修正，即转到 STEP3。

（六）算例分析

网购企业 A 在物流服务模式方面计划给客户提供四种服务（送货上门、

自提点自提、安置在居民小区的自助邮箱以及地铁站流动自提车）。鉴于 A 企业所面临的外部环境及自身状况，几种服务方式不可能同时作为企业战略布局的重点。因此，根据其未来一段时期的战略规划，A 企业确定了不同模式属性在不同服务能力（常规服务能力、应急服务能力、战略潜在能力）方面的重要度，如表 9-4 所示。

通过物流服务模式各属性同所需供应链资源特征之间的相关关系调查、预测及分析，建立主导因素筛选规则，针对不同服务模式属性挖掘出的主导因素见表 9-5 所示。以下针对送货上门服务，通过对 3PL 资源的整合决策为例进行讨论。

通过市场调研，网购企业初选了基本符合送货上门服务要求，可供整合的四家 3PL（3PL1、3PL2、3PL3、3PL4）。各 3PL 的整合运作参数如表 9-6，其中整合成本是基于表 9-5 的主导因素针对不同能力计算得出的。由于 3PL3 的整合成本不符合约束要求，故不将其列入可行域。运用 MATLAB 7.1 R14 进行仿真，讨论如下。

网购企业针对送货上门服务进行资源整合时，主要考虑常规服务能力所带来的客户价值体验的满足问题。算法运行中系数选择为 $\alpha=0.4$、$\beta=0.4$、$\gamma=0.1$、$\xi=0.1$、$\zeta=0$（由于不存在能力约束）、$\omega=0.1$，蚂蚁批次设定为 500，收敛结果如图 9-5 所示。可以看出，达到稳定状态时，所有蚂蚁选择了 3PL2 个体。从表 9-6 可以看出，3PL2 在网购服务成本和时间窗误差方面具有明显的优势，与网购企业常规服务的要求最为贴近。

表 9-4 不同模式属性在不同服务能力方面的重要度

服务能力	送货上门	自提点自提	小区自助邮箱	地铁站流动自提车
常规服务能力	0.60	0.80	0.50	0.70
应急服务能力	0.20	0.10	0.10	0.05
战略潜在能力	0.20	0.10	0.40	0.25

表 9-5　A 企业在物流服务模式各属性上的主导因素挖掘

服务类型	能力类型	供应链资源个体特征					
		战略重视度	配送人员状况	信息化水平和程度	与关联方关系	服务质量与信誉	文化、战略与组织兼容性
送货上门	常规服务能力	0.60	0.95	0.80	0.20	0.90	0.50
	应急服务能力	0.20	0.95	0.90	0.25	0.80	0.40
	战略潜在能力	0.20	0.80	0.80	0.40	0.95	0.95
不同特征重要度			0.92	0.82	0.25	0.89	0.57
主导因素筛选规则			$g_i \geq 0.8$				
挖掘出的主导因素			是	是	否	是	否
自提点自提	常规服务能力	0.80	0.50	0.85	0.80	0.90	0.35
	应急服务能力	0.10	0.60	0.85	0.90	0.90	0.40
	战略潜在能力	0.10	0.55	0.90	0.95	0.95	0.60
不同特征重要度			0.52	0.86	0.83	0.91	0.38
主导因素筛选规则			$g_i \geq 0.6$				
挖掘出的主导因素			否	是	是	是	否
小区自助邮箱	常规服务能力	0.50	0.80	0.80	0.90	0.90	0.20
	应急服务能力	0.10	0.85	0.85	0.90	0.85	0.20
	战略潜在能力	0.40	0.80	0.90	0.95	0.90	0.50
不同特征重要度			0.81	0.85	0.92	0.90	0.32
主导因素筛选规则			$g_i \geq 0.5$				
挖掘出的主导因素			是	是	是	是	否
地铁站流动自提车	常规服务能力	0.70	0.70	0.90	0.90	0.90	0.40
	应急服务能力	0.05	0.80	0.95	0.80	0.80	0.25
	战略潜在能力	0.25	0.80	0.90	0.95	0.90	0.45
不同特征重要度			0.73	0.91	0.91	0.90	0.40
主导因素筛选规则			$g_i \geq 0.8$				
挖掘出的主导因素			否	是	是	是	否

网购企业进行资源整合时，主要考虑应急服务时如何满足客户价值体验的问题。算法运行中系数选择为 $\alpha=0.2$、$\beta=0.2$、$\gamma=0.3$、$\xi=0.3$、$\zeta=0$（由于不存在能力约束），$\omega=0.1$，蚂蚁批次设定为 100，收敛结果如图 9-6 所示。分析可知，达到稳定状态时，所有蚂蚁选择了 3PL4 个体。从表 9-6 可以看出，3PL4

在资源的能力弹性和资源的有效性误差方面具有明显的优势，能够更好地应对应急服务能力供给的要求。可以看出，算法能够高效、灵活地调节整合决策过程多目标之间的协调与均衡关系，且根据资源整合目标的实际情况适当调整各参数的值可以得到较佳的收敛时间和效果。

表 9-6　各 3PL 资源个体的运作参数（表中数据均经过去单位化和归一化处理）

服务属性	整合运作参数	3PL1	3PL2	3PL3	3PL4
送货上门	服务的平均成本 C	0.50	0.56	0.47	0.62
	服务的时间窗误差 T	0.49	0.38	0.50	0.40
	资源有效的时间窗误差 θ	0.44	0.39	0.40	0.31
	资源的能力弹性 ε	0.22	0.19	0.20	0.26
	资源个体常规能力	0.30	0.52	0.55	0.78
	能力需求	0.40			
	资源个体的整合成本	0.50	0.34	0.69	0.55
	允许支出整合成本最大值	0.60			

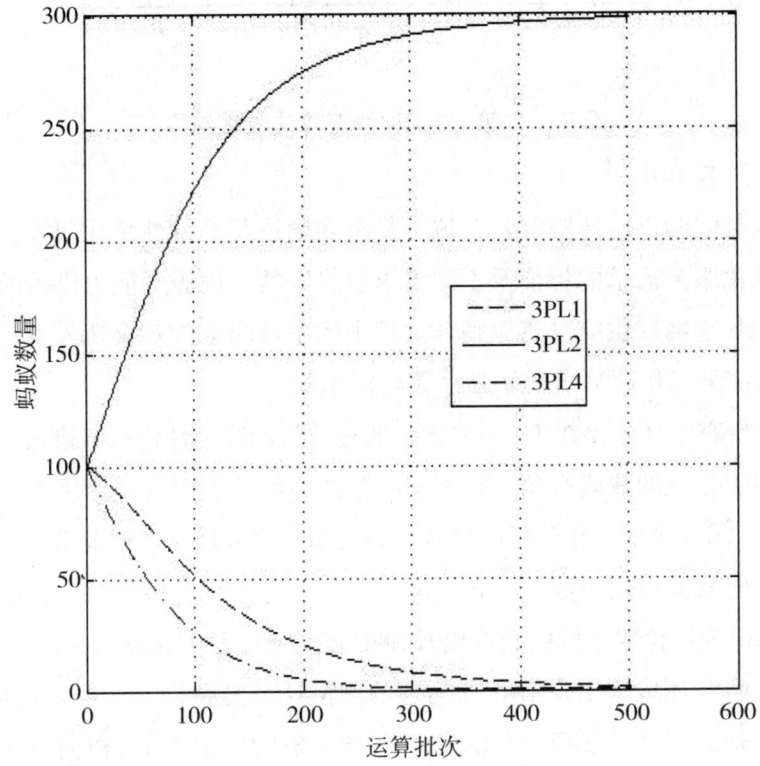

图 9-5　第（1）种情况算法收敛结果

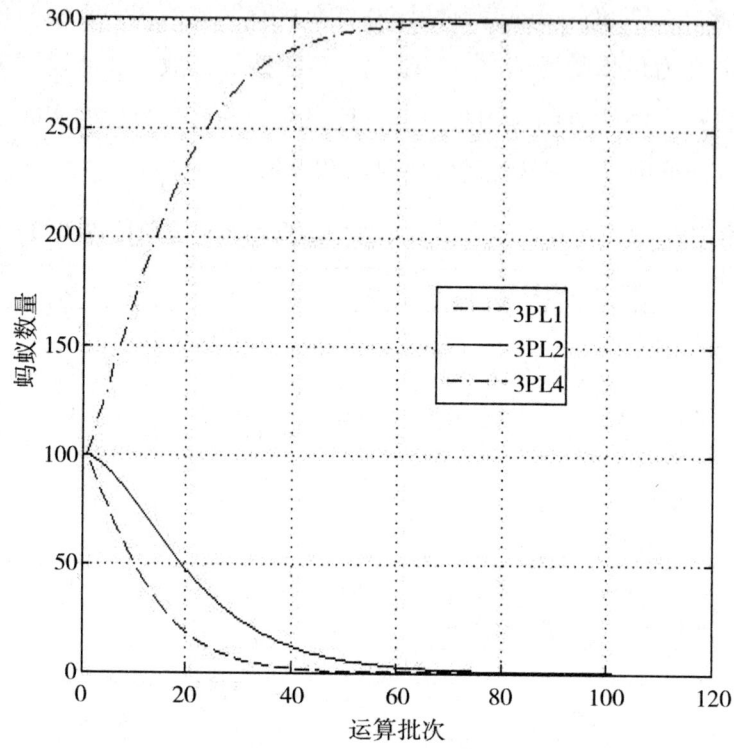

图 9-6 第（2）种情况算法收敛结果

（七）本章小结

本章对网购供应链资源整合这一复杂问题进行系统性量化研究，特别是网购个性化服务需求的特征及不同需求模式下的不同服务能力供给的供需均衡问题。基于网购供应链资源整合过程中的主导因素为整合切入点，建立了资源整合决策优化数学模型并探讨了求解方法。

本章研究意义主要在于：一方面，通过分析网购个性化服务模式的属性特征，从网购企业的战略视角，将不同服务能力的特点引入主导因素的分析和挖掘过程；另一方面，搭建反映整合机制的整合决策优化模型及求解算法来使决策方法向实践应用过渡，并在模型和算法中有效融合了资源整合的基本理念。本章研究结论对于网购企业提升 SMC 能力有较强的指导意义。

鉴于网购环境下供应链管理问题的前沿性与复杂性，在今后的研究中，还应从战略高度进一步探讨网购资源整合双方的收益与风险双向决策互动问题，资源整合中供需能力的动态匹配、协调问题等。

第四部分

应用篇

十、面向新零售的供应链资源整合优化

(一) 本章引言

在消费者购物体验需求逐步提升的背景下，传统单一线下或线上零售模式的不足逐渐显露出来。新零售模式试图通过整合线下、线上渠道及其他资源，给消费者带来新的体验价值，是零售业未来的发展方向。而新零售的价值能否充分发挥，关键在于其背后是否具有合理、高效的供应链网络进行支撑，在于供应链资源配置和利用的效果如何。因此，本章在对消费者购物需求类型进行深入分析的基础上，探究了新零售供应链资源整合的关键因素，在此基础上，构建了相应的数学优化模型并研究了求解算法。最后，通过算例验证了优化过程的可行性与有效性。

(二) 新零售的特征分析

随着科学技术的发展以及人均可支配收入的不断提高，消费者逐渐偏好于品质化、便利化、体验式的购物体验过程，进而导致了传统的电子商务渠道及实体零售渠道均难以满足日益增进的消费者购物体验需求。当前，以互联网为依托，通过运用大数据、人工智能等先进技术，对商品的生产、流通与销售过程进行升级改造，并对线上服务、线下体验及现代物流进行深度融合的零售新模式的出现，为消费者购物体验价值的提升带来了新的契机 (杜睿云、蒋侃，2017；徐印州、林梨奎，2017；赵树梅、徐晓红，2017)。但需要指出的是，新零售模式的本质不是线上电子商务与线下传统零售的简单结合，而是通过整合各类平台及资源，给消费者提供更加丰富的购物体验。新零售模式的构成要素如图 10-1 所示。

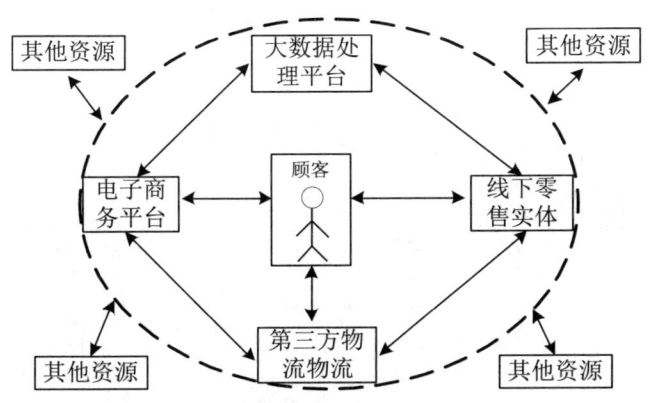

图 10-1 新零售构成示意简图

例如，借助物联网、人工智能等技术实现的无人零售终端（如无人商店、无人货架等），相比于传统零售终端，不仅提供了更加多样的购物渠道，还借助新技术提升了消费者购物体验价值；再比如，新零售通过数据提供商和数据运营商的整合来分析消费者购物的相关数据，对消费者实行精准化营销，更好地满足了消费者需求；而新零售通过对物流、电子商务平台以及实体零售店的整合，给消费者提供了更好的物流服务。以盒马鲜生为例，消费者可以通过网上App下单，也可以到店选购，通过网上选购商品的消费者在30分钟内便能收到所选商品，极大地缩短了收货时间。可见，新零售不仅仅整合了线上线下资源，而且通过借助智能物流、大数据及人工智能等新技术手段，更好地满足了消费者的购物体验需求。新零售模式下消费者购物渠道示意图如图10-2所示。

新零售模式具有很多优势，但要想更好地将这些优势发挥出来，需要通过供应链网络来支撑。无论是精准营销还是极速送达，新零售模式下的供应链网络均需要具有灵活性、快速响应等特征。因此，为了提升新零售模式下供应链的灵活性和快速响应性，更好地满足消费者的个性化购物体验需求，就需要改善新零售供应链网络中资源个体（协作成员）自身的服务质量、增进资源个体之间的协调、更好地整合供应链网络。但是，相比于传统线下或线上渠道，新零售模式下的供应链网络涉及的成员更多（如：电子商务平台、零售实体、3PL、数据处理平台、各类供应商及支付平台等），如何更好地协调这些资源个体的关系、整合供应链资源、提高供应链网络的灵活性和快速响应性显得更为复杂。

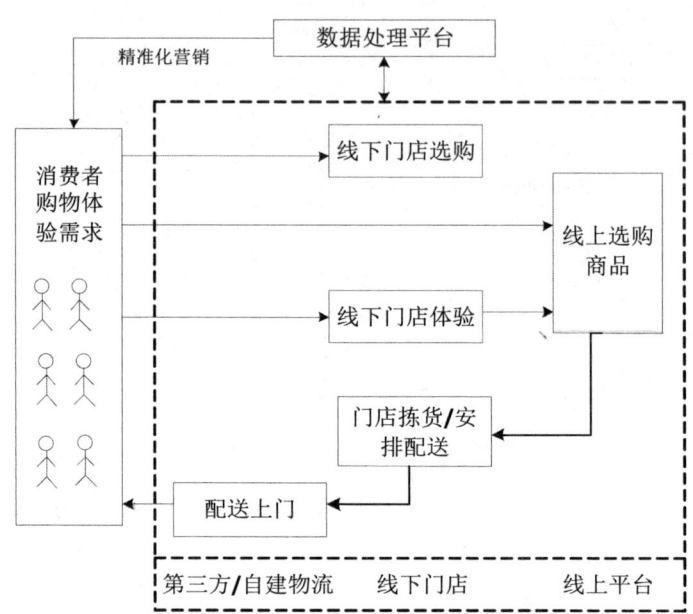

图 10-2　新零售模式下消费者购物渠道示意图

针对消费者个性化的购物体验需求，如果不能及时、有效地对供应链网络进行协调，必然会使新零售的体验价值大打折扣。例如，数据运营商具有数据分析的能力和手段，但缺乏相应的数据；电商及零售实体具有大量客户信息，但无法进行数据分析。只有协调，才能满足客户个性化需要。与此同时，数据运营商与零售实体在利益、目标上存在或多或少的不一致，导致二者无法有效地协调，进而无法满足消费者个性化的购物体验需求，购物体验价值也就大打折扣。因此，如何有效地对新零售模式下的供应链资源进行整合、协调与控制，在满足消费者购物体验需求的前提下实现整个供应链网络的收益最大化是目前需要解决的一个重要问题。

（三）新零售背景下资源整合决策关键因素

1. 消费者需求分析

面向新零售供应链的资源整合优化的核心目的是为了给消费者提供更好的购物体验。而只有在充分了解消费者个性化的购物需求的前提下，才能有针对性地对新零售模式下的供应链网络资源进行整合。为此，首先要对消费者的多样化需求进行合理的划分。基于本书第二章提出的服务需求模糊划分方法，将消费者的购物过程划分为三个阶段：购物前阶段、购物交互阶段以及购物后阶段。

购物前阶段是为购物交互阶段准备的，关系到消费者选择什么样的购物方式或者地点等。在整个购物过程中，消费者首先会产生需要（比如买一只牙膏），消费者在头脑中会对牙膏的品牌、效能等进行考虑，参考以往的购物体验，如对购物方式（超市、便利店、网购）进行选择，做出能满足其购物体验需求的决策。

购物交互阶段是在消费者进行一系列决策后的实施阶段，消费者的购物过程，也是供应链上的各资源个体通过不同方式为消费者提供服务的过程（如支付方式、个性化服务等）。

在购物后阶段，以"售后服务模式"为例，假设消费者购买的产品未能满足消费者需求或发生故障等，则需要退货，退货也可分为"退货上门取货""实体店退货"等多种退货方式，以满足不同类型消费者的购物体验需求。

在每个阶段，消费者都有不同的购物需求。各阶段的需求类型分析如表10-1所示：

表 10-1　消费者购物体验需求类型举例

购物阶段划分 不同需求类型 的影响因素举例	购物前阶段		购物交互阶段		购物后阶段	
	购物方式	…	支付方式	…	售后服务方式	…
	类型1（电商+超市） … 类型2（电商+便利店） … 类型3（无人零售终端） … ⋮ 类型 p	…	类型 q（现金支付） … 类型 q+1（手机支付） … 类型 q+2（刷卡支付） … ⋮ 类型 m	…	类型 k（退货上门取货） … 类型 k+1（上门安装） … 类型 k+2（实体店退货） … ⋮ 类型 n	…

在购物前阶段，影响消费者购物体验需求类型的因素会有很多，比如购物方式、门店品牌等。在不同因素的影响下，都会产生不同的需求类型。以购物方式为例，假设某办公人员想要买一瓶饮料，办公区有无人售货机及超

市两种购物方式可供选择,办公人士会根据自己的需要,选择不同的购物方式(如:久坐需要活动将选择超市,事情太多未完成需要便利将选择无人售货机)。

在购物交互阶段,影响消费者购物体验需求类型的因素也不胜枚举,比如购物过程的氛围、支付方式等。以"支付方式"的不同为例,假设分为偏好现金支付的消费者与偏好移动客户端支付的消费者两种,现金收款可以更好地满足那些偏好现金的消费者服务,增加移动客户端收款可以满足消费者付款方式多样化的需求。

在购物后阶段,影响消费者购物体验的因素主要体现在售后服务方面。例如,消费者购买产品出现损坏时,消费者会依据自己的需求选择合适的售后服务方式,如邮寄、送至门店或者商家上门取货。

通过上述分析可知,消费者在不同的购物阶段有不同的购物体验需求。新零售只有满足消费者的多种购物体验需求,才能提高消费者的购物体验价值。

需要注意的是,消费者的购物过程是一个有机统一的整体,各阶段的购物体验需求不能被孤立对待,只有从系统的角度把握,才能有效地对新零售模式下的供应链网络资源进行整合。

2. 整合决策过程中的关键因素挖掘

面向新零售供应链的资源整合优化是在满足消费者体验需求的基础上,提升各资源个体的质量、增强供应链网络的协调,达到供应链网络资源优化配置的目的(Yao,2010)。

相比于传统的线下或线上渠道,新零售模式下的供应链网络涉及的成员较多、分布也更加广泛。要实现新零售供应链资源的有效整合,需要对新零售供应链网络资源进行深层次挖掘以及合理的评判选取。因此,确定选取哪些因素来进行把握是必须的。

在不同的购物阶段,消费者有不同的购物体验需求,不同的服务模式在满足这些需求上的功能和作用是不同的。以购物后阶段的售后服务方式为例,类型1(退货上门取货)、类型2(实体店退货)等都是围绕售后服务模式展开的,在对售后服务方式进行整合时,需要从被整合对象的若干方面进行评判和选择。

也就是说，表10-1中的消费者购物体验需求类型决定了新零售企业如何满足消费者的购物体验需求、如何提升消费者在购物过程中的体验价值；这些问题的解决需要由新零售企业选择与整合供应链网络中合适的资源，而这正是供应链资源整合的关键点所在。因此，可以通过探究消费者在各个购物阶段的不同购物体验需求类型来挖掘供应链资源个体的考评因素。

基于上述的分析，构建关系表10-2。表10-2中的 f_{nh} 表示资源个体特征的选择系数，如果选择该特征作为关键因素，则 $f_{nh}=1$，否则 $f_{nh}=0$。a_{nh} 为消费者购物体验需求类型同供应链资源个体特征之间的相关关系，整合时，a_{nh} 可以根据实际情况进行赋值（$0 \leq a_{nh} \leq 1$）。

表10-2　消费者个性化购物需求类型同资源个体特征之间的关系

需求类型	各特征权重	资源个体特征						
		特征1	系数	特征2	系数	…	特征h	系数
类型1	ω_{1h}	a_{11}	f_{11}	a_{12}	f_{12}	…	a_{1h}	f_{1h}
类型2	ω_{2h}	a_{21}	f_{21}	a_{22}	f_{22}	…	a_{2h}	f_{2h}
类型3	ω_{3h}	a_{31}	f_{31}	a_{32}	f_{32}	…	a_{3h}	f_{3h}
⋮	⋮	⋮	⋮	⋮	⋮	…	⋮	⋮
类型n	ω_{nh}	a_{n1}	f_{n1}	a_{n2}	f_{n2}	…	a_{nh}	f_{nh}

基于新零企业的战略目标与愿景，表10-1中各消费者购物体验需求类型的权重表示新零售企业对该需求类型所对应的服务模式的重视程度。例如，在未来一段时期内和一定的背景下，消费者对退货上门取货业务的需求较大，则新零售企业应重视售后服务模式中的"退货上门取货"，并赋予其较大的权重数值。

对任一消费者购物体验需求类型的服务模式，可以根据表10-2所示关系挖掘出其对应的关键因素，进而为后续的资源整合决策作铺垫。挖掘关键因素的步骤如下。

（1）根据表 10-2，计算出供应链网络中各资源个体不同特征的重要程度 I_{nh}。则具体计算公式如下：

$$(i=1, 2, \cdots, n; j=1, 2, \cdots, h) \qquad (10\text{-}1)$$

（2）确定关键因素的选取规则。筛选规则可以通过判断某一重要程度的值是否大于某一数值作为关键因素的选取标准。如以 $I_{nh} \geq 0.6$ 为选取标准。

（3）确定整合关键因素集合。针对表 10-1 中购物体验需求类型进行上述操作，可得供应链资源整合的关键因素集合。

$$(i=1, 2, \cdots, n; y(m)<h) \qquad (10\text{-}2)$$

需要注意的是，由于资源个体的各关键因素之间相互影响。供应链网络中资源个体的运营特征之间具有相关性。因此，在对资源个体进行整合时，为改善资源个体某一关键因素运作水平而投入的改善成本也可能对资源个体其他关键因素产生一定的影响。而这些因素都是整合时需要考虑的。

（四）模型与算例分析

1. 供应链整合优化模型

继消费者购物体验需求类型的分析以及整合决策过程中关键因素的把握后，需对整个供应链网络进行优化并建立相应模型。但需要要注意的是，对供应链网络资源整合不是一个简单的资源个体选择问题，在现实生活中，资源个体的各项特征不可能全部否符合整合主体的要求。因此，只有通过整合并改造供应链网络中的资源个体，才能达到供应链网络整体运作水平提升的目的。

（1）模型参数与变量定义

设各需求类型 i（$i=1, 2, \cdots, n$）可供整合的资源个体的数量为 P_{il}，每个资源个体的索引为 p_{il}（$l=1, 2, \cdots, L$）。

$\beta(p_{il})$ 为选择变量。$\beta(p_{il})=1$，则表示资源个体 p_{il} 被选中；$\beta(p_{il})=0$，则表示未被选中。

设资源整合后，整合主体对关键因素 $K_{iy(m),1}$ 的期望运作水平为 $F(K_{iy(m),1}$

（$i=1, 2, \cdots, n; m=1, 2, \cdots, M; l=1, 2, \cdots, L$）。

设整合主体对资源个体 p_{il} 关键因素改善的期望的投入时间为 $T(K_{iy(m) \cdot l})$。

设为改善 p_{il} 的关键因素 $K_{iy(m) \cdot l}$ 所投入的整合成本为 $C(K_{iy(m) \cdot l})$，整合后关键因素 $K_{iy(m) \cdot l}$ 达到的运作水平为 $F^*(K_{iy(m), l})$。

设整合后，资源个体 p_{il} 为消费者需求类型 i 所能提供的服务质量为 $Q(p_{il})$，而该类服务所需要的质量标准为 $Q^*(p_{il})$。

设整合后，资源个体 p_{il} 为消费者需求类型 i 提供的服务能力为 $A(p_{il})$，而该类服务所需要的最小服务能力为 $A^*(p_{il})$。

设整合资源个体 p_{il} 的关键因素 $K_{iy(m) \cdot l}$ 起始时间为 $T_{\text{sta}}(K_{iy(m) \cdot l})$，终止时间为 $T_{\text{end}}(K_{iy(m) \cdot l})$。关键因素改善的期望时间长度为 $T(K_{iy(m) \cdot l})$。对关键因素整合时长的最大容忍性为：

$$T^*(K_{iy(m) \cdot l}) = T(K_{iy(m) \cdot l}) - (T_{\text{end}}(K_{iy(m) \cdot l}) - T_{\text{sta}}(K_{iy(m) \cdot l}))$$

（2）优化目标及约束条件

$$\min C = \min C_{\text{整合成本}} = \sum_{i=1}^{n} \sum_{m=1}^{M} \quad (10\text{-}3)$$

$$\min T = \min T_{\text{整合时长的最大容忍性}} = \sum_{i=1}^{n} \sum_{m=1}^{M} \sum_{l=1}^{L} \quad (10\text{-}4)$$

$$s.t. F(K_{iy(m), l}) \leqslant F^*(K_{iy(m), l}) \quad (10\text{-}5)$$

$$Q(p_{il}) \leqslant Q^*(p_{il}) \quad (10\text{-}6)$$

$$A(p_{il}) \leqslant A^*(p_{il}) \quad (10\text{-}7)$$

模型中，（10-3）和（10-4）式为优化目标。式（10-3）表示整合成本最小化，式（10-4）表示整合时间最小化。式（10-5）—（10-7）为约束条件。式（10-5）表示整合后的运作水平应大于等于期望的运作水平，式（10-6）是对资源个体服务质量的约束，式（10-7）是对服务能力的约束。

2. 算法设计

由于上述优化模型为多目标复杂优化问题，选择合适的算法进行求解显得尤为重要。蚁群算法由于能快速得到全局近似最优解，在求解多种组合优化问题中得到了广泛应用。因此，选择蚁群算法来求解模型。在对上述目标的优化过程中，需要对算法进行相应的设计和改进，具体操作可以参考本书

第九章相关内容。

3. 算例分析

某新零售企业在售后服务方面一直以消费者实体店退货方式为主。随着消费者对购物体验需求的提高，为了给消费者提供多样化的售后服务类型，决定在未来一段时间内推出退货上门取货等业务。但基于企业自身的定位，该企业决定仍以实体店退货为主，其他方式为辅。通过消费者购物体验需求类型与供应链资源个体特征之间的相关关系调查分析，得出表10-3所示关系表。通过确定关键因素选取规则，最终挖掘出七个关键因素，其中，信息化程度是除了运营质量与信誉状况之外最为重要的因素。以下通过对第三方合作商资源的整合决策为例进行讨论。

通过市场调研，有七家合作商基本符合整合要求。各合作商的整合运行参数如表10-3所示，表10-3中的数据已经做了标准化处理，表中的数字表示重要程度。

表10-3 资源个体在购物需求类型上的关键因素

售后服务需求类型	资源个体特征						
	技术水平	信息化程度	运营能力	资金状况	信誉状况	与利益相关者关系	社会知名度	组织结构
1（上门安装）	0.7	0.8	0.9	0.8	0.9	0.6	0.5	0.3
2（实体店退货）	0.6	0.7	0.8	0.7	0.8	0.6	0.7	0.4
3（退货上门取货）	0.8	0.9	0.9	0.8	0.9	0.7	0.6	0.3
选取规则	重要程度＞0.5							
类型1的关键因素	是	是	是	是	是	是	否	否
类型2的关键因素	是	是	是	是	是	是	是	否
类型3的关键因素	是	是	是	是	是	是	是	否

为便于计算及说明，以售后服务需求类型中的上门安装和退货上门取货为例，对资源个体的运行参数进行了标准化的处理，具体如表10-4所示。

表 10-4　各资源个体的运营参数（表中的数据均经过单位化和归一化处理）

整合运营参数	需求类型	上门安装				退货上门取货		
	合作商	SUP_{11}	SUP_{12}	SUP_{13}	SUP_{14}	SUP_{31}	SUP_{32}	SUP_{33}
整合成本		0.54	0.50	0.55	0.53	0.65	0.69	0.67
整合时间长度		0.51	0.51	0.50	0.54	0.31	0.30	0.35
资源个体业务能力		0.44	0.45	0.43	0.42	0.76	0.75	0.70
规划能力需求		0.31				0.52		

以上门安装和退货上门取货为例，运用 MATLAB 对上述数据进行仿真。讨论及仿真结果如下。

（1）针对上门安装业务的资源整合。由下图 10-3 可知，经若干批次运算后达到稳定状态，所有蚂蚁选择 SUP_{12}。由表 10-2 可见，SUP_{11} 在整合成本方面具有明显优势，尽管其资源有效的时限误差相比 SUP_{13} 大，但在多目标之间权衡后，蚂蚁仍选择 SUP_{12}。

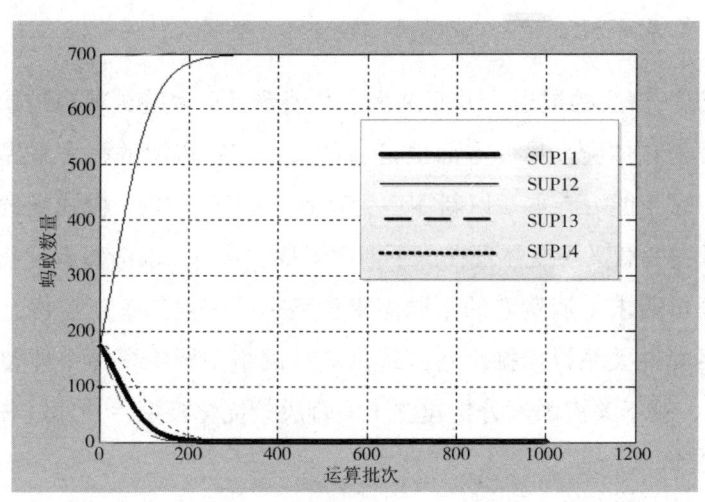

图 10-3　蚂蚁的收敛结果（上门安装业务）

（2）针对退货上门取货业务的资源整合。如下图 10-4 所示，蚂蚁选择了 SUP_{31}，但选择 SUP_{32} 的数量呈先升后降的趋势，这是因为，起初该个体较优越的时限性误差吸引着大量的蚂蚁，随着运算的推进，结合整合成本及时限性误差的综合计算，呈下降趋势。可见蚁群算法在多目标资源整合复杂过程中具有灵活性的运作特性。

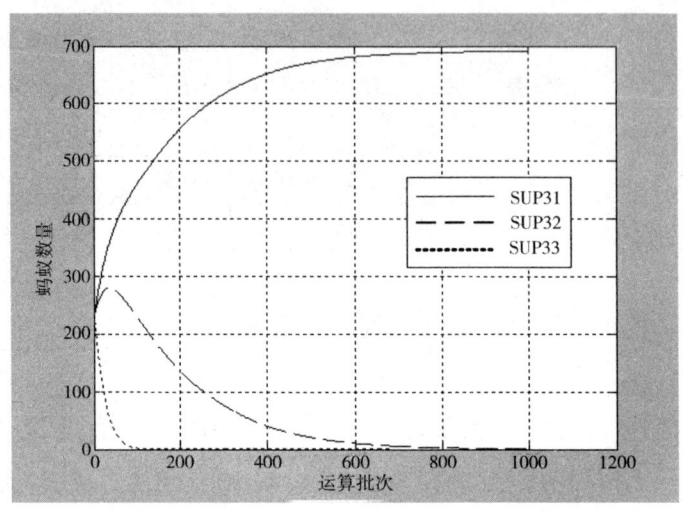

图 10-4　蚂蚁的收敛结果（退货上门取货业务）

（五）本章小结

"新零售"概念的提出一方面是为了给消费者更多购买渠道与购买方式的选择以提升购买体验，另一方面也是通过对供应链资源的整合来提升企业的规模经济与服务能力。本章以新零售为背景，研究了 SMC 模式下的供应链整合问题。研究的意义主要体现在以下两个方面：第一，以消费者购物需求为起点，通过分析需求（消费者的不同需求类型）——供给（新零售企业的服务能力）的匹配性关系，挖掘出新零售供应链网络中影响资源个体整合的关键因素；第二，基于关键因素分析建立了整合决策优化模型，并通过算例分析进行了实践检验。

目前，"新零售"还是一个很新的概念，不论是实践操作还是理论研究都处于起步阶段。从供应链的视角对新零售问题展开研究，不仅是对供应链管理理论的重要补充，也是解决新零售有关问题的重要切入点。本章仅是新零售下供应链整合问题的初步研究，在今后的研究中，还应加强对动态性、随机性的问题的研究。

十一、特色小镇模式下的供应链资源整合问题

(一) 本章引言

特色小镇是我国近年来为改善城乡发展差距、鼓励创新创业、促进社会转型的一种新型产业发展模式。优越的区位条件是建立特色小镇的先决因素，其中地理位置、生态环境、产业资源和人力资源构成了特色小镇建立发展的基石和支柱。在"政府引导、企业主体、市场化运作"的方针下，全国各地培育出了不同功能的特色小镇，例如互联网小镇、旅游文化健康产业特色小镇、金融特色小镇、农业特色小镇、创新产业特色小镇等。特色小镇是一种从供给侧改革的、基于块状经济和县域经济发展而来的创新经济模式，可以满足消费群体差异化的、个性化的消费需求。

由于特色小镇需要由产业带动和支撑，因此围绕特色小镇相关主旨产业中的供应链资源整合对小镇的培育和发展十分重要，是实现特色小镇核心功能的重要支撑。在复杂多变的经济运行环境下，供应链资源整合是整合主体实现业务外包、提升核心竞争力、拓展协作领域、提升风险抵抗力的重要手段。通过供应链资源整合对小镇的商流、信息流、物流、资金流进行有效整合，实现区域内部相关产业聚集，此举关乎小镇的定位和发展模式，对特色小镇的生命力至关重要。

当前，特色小镇在全国多个省份逐步发展和蔓延，但针对特色小镇模式下的供应链资源整合问题尚需进一步深入分析。如果特色小镇对供应链资源疏于整合定位，会导致小镇的资源引进与其既有的战略出现冲突，进而引发产业整体规划崩塌。例如，某地为了紧跟国家政策导向，许多地区在上马特色小镇项目时，采取大量初始投资建设的发展模式，由于缺少所需要整合供应链资源的前期战略型论证与规划以及甄别筛选资源的合理性，有可能导致引入各类企业数量过多、类别失调，进而稀释了小镇的专业性和特色性，导致小镇定位不明确，缺乏长远发展的核心动力，造成后期乏力的局面，影响了特色小镇相关产业附加值的提升，也阻碍了特色小镇经济效益的创造。

因此，本章重点围绕特色小镇培育发展过程中的供应链资源整合定位和

统筹发展问题进行研究,针对不同功能定位的特色小镇类别下供应链资源整合过程中存在的问题进行分析,提出不同特色小镇类别下的供应链资源整合模式。研究结论对于完善供应链资源整合,创新整合发展模式,实现更大的经济效益,让特色小镇完成其重大的历史使命具有重要价值。

(二)特色小镇的区位特征分析

特色小镇的出现既是产业发展、资源自发聚集的结果,也是国家和地方政策涵养下的产物。

特色小镇是具有明确产业定位、吸引并容纳不同资源的空间载体。它不是行政区划单元,而是产业发展载体;不是产业园区,而是同业企业协同创新、合作共赢的企业社区;它不是政府大包大揽的行政平台,而是企业为主体、市场化运作、自发形成的创新空间、创业空间(李强,2015)。所以说特色小镇的出现最初是产业发展、资源自发聚集的地缘性结果。

从国家政策层面上来看,大力扶持特色小镇有助于改善我国城镇发展现状、创新体制机制、加快推动社会转型,缩小城乡差距。2016年多部委联合下发了《关于开展特色小镇培育工作的通知》,要求"到2020年,培育1000个左右各具特色、富有活力的休闲旅游、商贸物流、现代制造、教育科技、传统文化、美丽宜居等特色小镇"。在这样的政策涵养之下,一个个普通的小镇被赋予了更大的价值,从一个单纯的行政单位,成为产业聚集、人才汇聚、资源汇集的产业升级发展培育的新型载体,通过发展传统产业、创新产业、商贸业、制造业和旅游业等,小镇与外界环境磨合、培育人才、完善内部功能、建立文化认同,逐渐成为"产、城、人、文"四位一体的特色小镇,以肩负起一方经济振兴的重任。

1. 特色小镇的区位特征

2016年住建部公布了127个特色小镇名录,这份名单上的小镇覆盖了中国30余个省、自治区和直辖市。其中浙江省的特色小镇最多,有8个;其次山东省、江苏省有7个;广东省6个;安徽、福建等省有5个;河北省、辽宁省、广西壮族自治区、重庆市等有4个;北京市、上海市、山西省等各有3个。分布如图11-1所示。

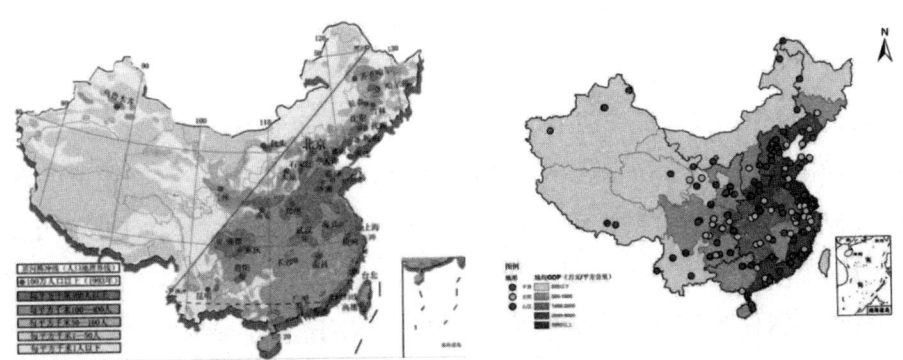

图 11-1　中国人口密度线（左）和第一批特色小镇地理分布图（右）

研究特色小镇的供应链资源整合模式，先要确定特色小镇扎根于怎样的资源基础上。1984年沃纳菲尔特（Wernerfelt）提出企业是资源的集合体，那么众多企业聚集的特色小镇更是一个资源集结并相互作用的产业资源生态系统。因此，下文将对特色小镇的区位特征进行阐述，这些区位特征是每一个小镇都具备的资源基础，供应链资源整合模式和基于供应链视角的资源整合过程模型都建立在这些资源共性的基础之上。综合来看，这些小镇都具有以下鲜明的区位特征。

1. 地理位置优越

首批特色小镇的地理位置分布集中于我国人口密集区和经济高速发展的地区，这些地区人口集中、生活成本居住成本高，特色小镇的发展可以有效缓解城市高速发展带来的"城市病"，降低居民的生活成本。另一方面，特色小镇毗邻东南沿海大城市，交通便利，资源丰富，可以借助大城市的"东风"带动自身发展。

2. 生态效益导向

现有的特色小镇选址在生态环境优美之地，经济发达、产业生态高效。自然生态与经济发展高度统一的可持续发展模式是当前创新型产业要达成的基础目标，因此我国东南沿海成为了特色小镇的选址之地，兼顾经济发展产业升级和生态效益导向。

3. 产业聚集效应

目前，我国东部沿海地区制造业、高新技术产业处于高度聚集状态，为特色小镇发展各类产业免除了后顾之忧。从战略供应链管理的视角来看，特色小镇既可作为供应链的核心，紧密高效地联结周边的上下游企业，发挥聚集效应；也可作为供应链中的上下游企业，与核心企业形成聚集效应，形成特色小镇经济布局中，不同地区、不同产业之间或相关联行业之间构成的具有链条绞合能力的经济组织关系。这种经济组织关系带来的优势在于以下几点。

（1）规模经济

特色小镇作为厂商集中的载体，有助于上下游企业减少搜索原材料的成本和交易费用，使产品的生产成本显著降低。

（2）信息透明，收益共享，风险共担

集聚使得特色小镇供应链上的企业能够更稳定、更有效率地得到各类相关供应商的服务。比较容易获得配套的产品和服务，及时了解本行业竞争所需要的信息。

（3）人才聚集效应

集聚区内有大量拥有各种专门技能的人才，这种优势可使特色小镇在短时间内以找到合适的岗位人才在此安家落户，进一步促进特色小镇的繁荣。

（4）人才磁场效应

由于集聚体本身可提供充足的就业机会和发展机会，会对外地相关人才产生磁场效应。从地理位置上看，首批特色小镇选址靠近我国东部高校密集区，以华东、华中、华南地区为主。这些地区高素质人才丰富，既有大批专业的技术、管理人才，也不乏许多渴望自主创业的人才。特色小镇为这些人才提供了发挥专长、自我发展的契机和平台，吸引了诸多人才来特色小镇寻觅发展的良机，为小镇发展源源不断地注入新鲜的力量。

（三）特色小镇的资源整合模式

供应链资源整合的目的是促进小镇中企业进行资源的横向整合，聚集不同产业发展，形成良好的供应链生态。为了将特色小镇建成个性化、创新化、专业化、制度化的功能平台，需要对其进行合理的供应链资源整合。我们对特色小镇的供应链资源整合的直接目的是实现生产服务活动中物流、资金流以及信息流的合理流动与衔接顺畅，实现企业乃至特色小镇的供应链系统价值增值；

与此同时，为了更好地支持特色小镇的运转，还需要对协作个体的管理方式、组织结构以及业务流程等因素进行有针对性的变革（宋为、陈安华，2016）。

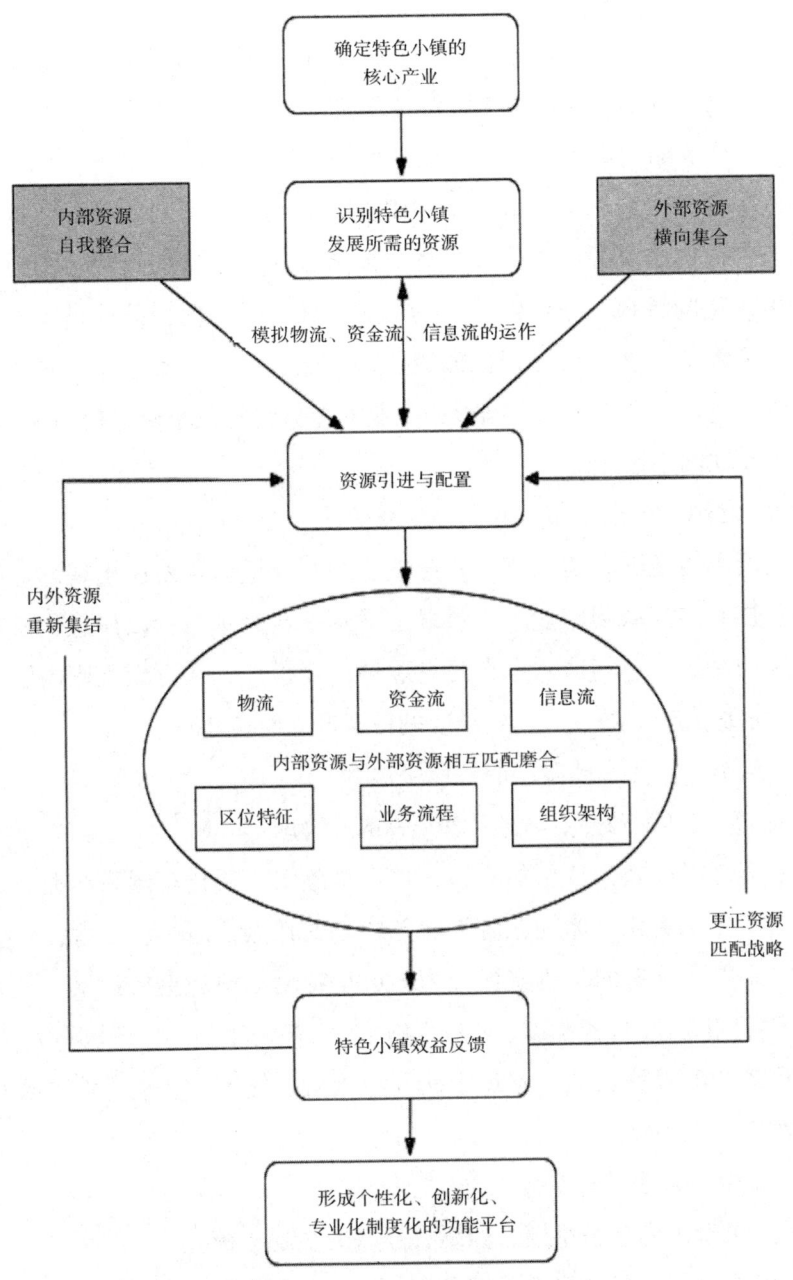

图 11-2　特色小镇的供应链资源整合

从特色小镇的区位特征分析可以看出，每一个特色小镇都处在优越的地理位置、具有得天独厚的生态资源、人力资源和相关的上下游企业。异质性的资源并不能直接为小镇带来效益，还需要资源整合来创造价值。如图11-2所示，供应链资源整合主要包括四个主要方面：核心产业的确定、特色资源的识别、资源的引进配置和特色小镇效益反馈。

1. 核心产业的确定

特色小镇，顾名思义，每一个小镇都具有其与众不同的功能，具有不同的资源条件，这些资源可转变成独特的能力，这些独特的资源与能力是企业持久竞争优势的源泉。进行资源识别、引入和配置的前提条件是找出特色小镇中的核心产业，才能通过把握商流、信息流、物流、资金流，对整个小镇供应链资源进行整合。可以根据核心产业的差异将特色小镇进行如下划分。

（1）互联网小镇

代表：乌镇、云栖小镇、西南电商城等。

互联网小镇是随着信息产业高速发展和新型城镇化发展出现的一种典型载体，其核心是互联网产业。小镇以互联网平台为基石，以信息化改造传统城镇，按照小镇特色打造适合自身发展的产业模式，在更大范围内统筹配置创新资源，形成产、城、人、文结合的信息产业特色小镇。

（2）旅游、文化、健康产业特色小镇

代表：磐安江南药镇、青瓷小镇、平阳宠物小镇。

这一类是以休闲为特色的小镇，核心是旅游、文化、健康产业。这一类小镇都有着传承文化、休闲旅游为业务核心的特点，但不仅是旅游产业的集聚和融合，其所具有的特色文化魅力，也是特色小镇的重要元素。具有代表性的磐安江南药镇、青瓷小镇、平阳宠物小镇，都是以某一特色事物为立足点，大力发掘其中的经济价值，立足于此开展旅游、休闲、文化事业，实现各类配套产业的聚集效应。

（3）金融特色小镇

代表：玉皇山南基金小镇、西溪谷互联网金融小镇。

金融特色小镇的核心是金融服务产业，发挥小镇靠近经济发展区域的优势，以小镇为平台，引入各类金融中介服务产业，惠及更多民众、企业的小镇模式。

（4）农业特色小镇

蓝城农庄小镇、远洋渔业小镇、海南石山镇。

农业特色小镇的核心是现代农业，一般建立于农业、畜牧业、养殖业、种植业发达的地区，土壤、气候适宜作物生长，相关农作物的质量好，美誉度高，在市场上有很大的竞争力。

（5）创新产业特色小镇

代表：梦想小镇、天使小镇。

创业小镇的核心是初创企业，是为了响应国家"双创"的号召为有创业需求的人才建立的孵化平台。这一类小镇与之前四类有所不同，它并不能形成整体功能网链结构，但是由于其对不同产业巨大的吸引力，也将形成以创业企业为核心的上下游的交互关系。其功能主要是吸引有创新、创业意愿的大学生、创客等来创办新兴企业，进而引导和发展新兴产业。小镇为他们提供政策上的扶持和资金的帮助。

2. 识别特色小镇发展所需的资源

特色小镇的独特之处就在于它与众不同的"特色"，但并不意味着我们要拒绝追求产业集群的完整性和供应链的延伸性，相反的是，我们要着力发展高新服务业或传统经典产业中的某一环节，同时对其供应链上下游企业进行由点到面的分析和链接，实现资源集合、技术渗透，通过供应链上资源整合创造出更大的价值（来佳飞，2015）。

现有很多特色小镇的发展模式难以有效体现不同功能特色小镇各自的特色，其功能定位模糊，资源的利用也处于低级阶段。比如，一些刚刚起步的小镇，往往掌握着政府和私人大量的投资，通过投资引进不同的产业，彼此之前难以相互呼应，缺乏对小镇功能的战略性思考和系统性规划，同时有些地方政府也仅仅通过大力度的优惠政策来吸引企业落户，没有充分而有效地考虑产业和企业之间的协同发展以及不同产业供应链资源的有效协调问题。

例如，现在旅游特色小镇建设非常多，但其对旅游产业的关注则明显不足。有一些名义上叫产业的，本质上还是旅游。比如健康养生、会议培训、婚纱摄影、手工艺品生产和体验之类的，从产业分类的角度来看，都属于大旅游产业或者叫"旅游+"产业的范围，属于旅游业的衍生或配套服务。特色小镇对自己的定位不明确，容易导致引入的企业和投资针对性不强，供应链的上下游企业无法聚集，难成气候。

可以说，从无到有地打造一个小镇并非易事。如何将一个物理小镇转变成真正意义上有活力、运转良好的特色小镇，考验着管理者的智慧。

这要求管理者对特色小镇发展所需要的资源进行识别，哪些符合小镇的特色？哪些对于小镇的发展至关重要？根据核心竞争力模型判断资源的价值型、稀缺性、难以替代性和不可模仿型，通过模拟供应链资金流、信息流、物流的运作，选取符合特色小镇自身定位的资源，这样才能形成小镇的核心竞争力。资源可以分为有形资源和无形资源、内部资源和外部资源，列出特色小镇的资源清单有助于小镇根据自身定位进行资源选择。

3. 资源引入与配置

识别资源是特色小镇起步的前提，资源引入和配置则是特色小镇建设的基础，这是一个优化组合的问题。特色小镇资源可能来自内部自有资源，或是外部吸引来的资源，在辨别资源的基础上：引进资源强化资源优势，巩固核心竞争力；填补资源漏洞，减少发展阻力。

资源整合一共有两个层面，一是内部资源自我整合，二是外部资源横向集合。内部整合资源可以查漏补缺，更好地辨认核心竞争力；外部资源横向集合则是向外搜寻符合特色小镇核心需求的资源，与外部的政府、企业、机构展开合作，逐步扩大合作范围，最终形成一个良好的供应链资源整合系统。

供应链上的资源配置是供应链资源整合的核心内容，特色小镇的打造，需要结合整体的产业规划，这样才能让其保持生命力，才能有计划地整合供应链上的各类资源，这是供应链中端和后端需要解决的问题。要实现这一目标，需要对特色小镇的区位条件、政策因素、系统结构、支撑制度等统筹考量，确定引入什么样的企业、发展什么样的供应链、如何整合资源等一系列问题。

特色小镇资源配置与整合可以分成内部资源配置和外部资源配置。内部资源指小镇内部既有的和获取的，可以被调动资源，内部资源配置已经有过许多研究，在此不多赘述。外部资源是指小镇辐射范围之内的可以调动的资源，对这些资源的调动可以弥补小镇内部资源的缺憾。不同功能的特色小镇，其适用的资源配置方案也有所不同，在下文中将大体介绍五种资源整合方案。

（1）互联网特色小镇的供应链资源整合模式

在基于互联网产业的供应链资源整合过程中，互联网基因资源整合的核心，是小镇的特色所在。要保持"互联网特色小镇"的"互联网基因"，需要统筹企业发展，发展有竞争力的创新型企业。

因此，在互联网特色小镇的供应链资源整合问题上，一方面要着力发展以"互联网+"为核心的新兴产业，譬如互联网+金融特色小镇，互联网+电商产业小镇，互联网+云商模式小镇，互联网+农业生态小镇，等等。同时要引入周边的知识密集型产业，形成产业聚集，围绕小镇临近大都市的特点，精准定位，带动周边传统产业快速成长（彭涛，2016），具体的供应链资源整合模式如图 11-3 所示。

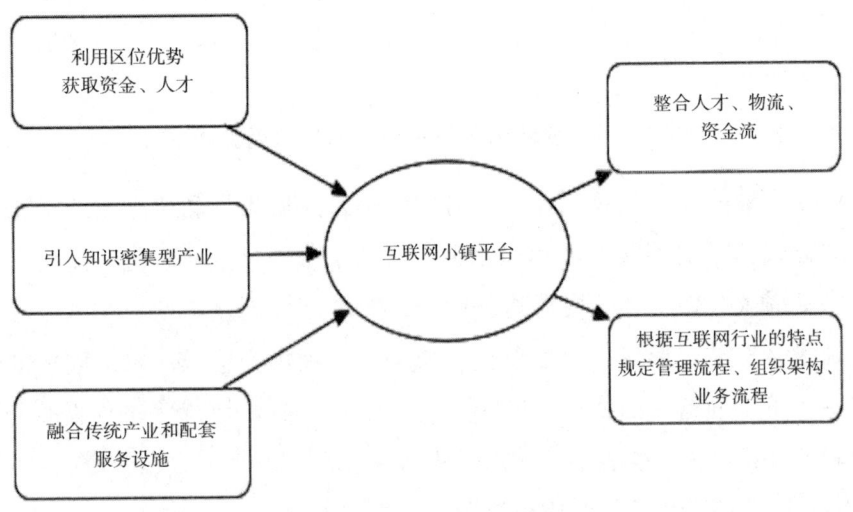

图 11-3 互联网小镇的供应链资源整合模式

在供应链的前端，互联网特色小镇利用互联网搭建平台，将互联网特色小镇的功能定位为——提供互联网服务的特色平台。将"互联网+"模式应用到各行各业，融合传统产业配套服务设施，利用周边的区位优势获取资金和高科技人才，同时引入知识密集型企业。保留互联网小镇的互联网特色，同时利用创新思维，将传统产业和配套服务业融合在互联网平台上共同发展。

在供应链的中后端，依据互联网行业的特点规划统筹发展，合理组织架构、业务流程等，整合人才、物流、资金流，让互联网小镇形成一个完整的、附加值高的供应链体系。

（2）创新创业特色小镇的供应链资源整合模式

在创新创业特色小镇的供应链资源整合过程中，核心思路是建设一个有特色、有主题的专业创新创业孵化器。所以就需要引进一批初创公司和有创业创新需求的"创客"，同时创新创业特色小镇还需要发挥"孵化器的作用"，整合资源，让大量创新创业成果企业聚集，统筹供应链上企业的发展。具体的整合模式如图11-4所示。

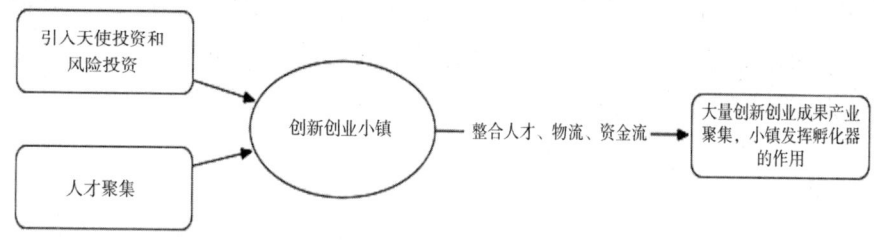

图 11-4　创新创业特色小镇供应链整合模式

在供应链前端，创新创业小镇首先需引入天使投资和风险投资，比照孵化器的模式，吸引创新人才和初创企业来到小镇进行企业孵化。随后，在供应链中端对人、财、物等资源进行整合，开展创新创业培训。在供应链后端将资源融合发展，形成大量创新创业成果企业聚集。这样一来，创新创业小镇保持住了"创新"的特色，同时在资源整合上兼具创新性和专业性，可利用产业聚集获得更多的利益，统筹供应链发展。

（3）农业特色小镇的供应链资源整合模式

在农业特色小镇的供应链资源整合过程中，高质量、有竞争力的农产品是其特色所在。一方面，特色小镇需要继续保持制造业的优势，另一方面还需要引入处于微笑曲线两端的设计研发、品牌服务等高附加值的企业，延长产业链，具体的供应链资源整合模式如图11-5所示。

当前，"互联网+农业"战略已经成为国家大力倡导的新兴战略，而且有越来越多的优秀企业、高端人才进入这个领域。因此在农业特色小镇供应链的前端，引入"互联网+"的助力，进行农副产品研发和产品设计。在供应链中端建立运营平台、运营管控、大数据中心等，实现农业规模化、特色化、产能化。在后端,与一些互联网电商联盟进行推广销售、售后服务和其他增值服务,利用互联网改造农业,形成农产品电子商务、农业物联网、农业信息化管理服务平台等新的模式,创新统筹供应链的发展。

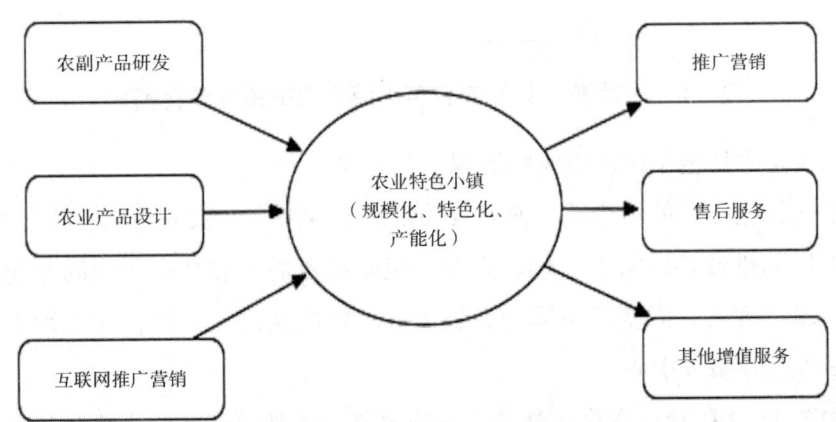

图 11-5　农业特色小镇供应链资源整合模式

（4）旅游文化健康特色小镇的供应链资源整合模式

旅游产业依靠"食、宿、行、游、购、娱"等产业才得以繁荣,旅游业的发展也会带动这些产业繁荣发展。旅游产业供应链系统中暴露出的产业链条孤环（张晓丹,2015）问题制约旅游产业供应链资源整合能力的提升。特别在旅游产业相对落后地区的供应链资源整合问题主要在于旅游供应链要素资源之间的关系相互孤立,缺乏促进各类旅游要素资源的协同整合能力。

在旅游文化健康特色小镇的供应链资源整合过程中,首先需要深入分析小镇的自然、生态、文化景观等资源,找出其与众不同的特质,吸引投资并引入相关的文化、健康、休闲等产业,发挥旅游业"一业依百业,一业带百业"的特点,整合与旅游业相关的各类供应链资源,带动周边产业的共同发展。

如图 11-6 所示,旅游文化健康特色小镇的供应链是复杂多变的。首先,在供应链前端需要统筹特色小镇的资源,找出特色小镇的"特色""创意"所在,在供应链中端需要引入相关的支撑性上下游企业,并对其进行统筹安排,保证能相互促进发展,不会自己"拆台"。在供应链后端,要鼓励产业聚集,惠及周边产业的发展。

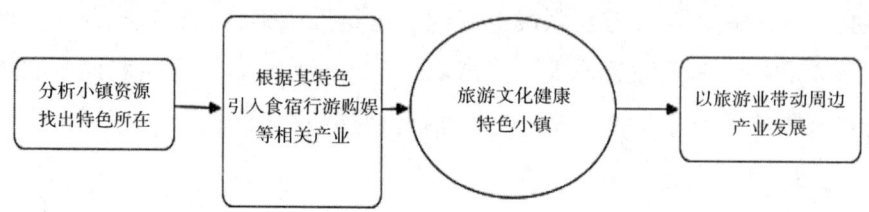

图 11-6　旅游文化健康特色小镇供应链资源整合模式

（5）金融特色小镇的供应链资源整合模式

金融特色小镇的供应链资源整合关键在于创新金融服务功能的整合方式，满足居民的投资理财需求、创新企业的风险投资需求和某一产业的专业金融服务需求。为此，需要将不同的金融服务功能吸纳进入小镇，让小镇成为一个区域性金融服务中心。

如图 11-7 所示，在供应链前端，通过其得天独厚的区位优势和基础设施吸引金融服务的各类企业，在中端对各类金融服务、银行业、监管机构进行整合、配对，并采用安保设施对金融行业进行保护和监管。在供应链后端形成一个金融服务与功能整合的金融中心。

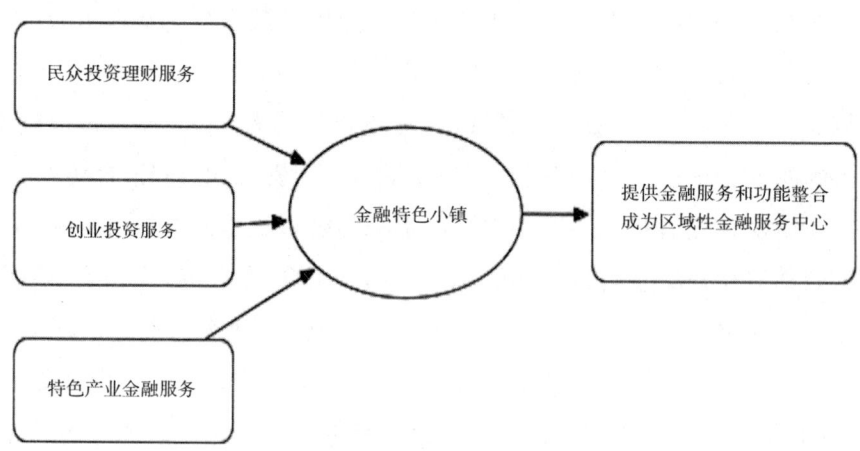

图 11-7　金融特色小镇供应链资源整合模式

4. 特色小镇效益评估反馈

衡量特色小镇资源整合效益的反馈是整个供应链系统自我调节的重要途径。效益反馈不应仅仅看重投入产出比率，特色小镇是一个综合的发展平台，其经济活动的难度远超一般企业。根据浙江省特色小镇的成功案例总结看来，若干重要条件的支撑对小镇的发展十分重要，包括产业支撑、人力资源支撑、土地资源支撑、资金支撑、运营支撑等。管理者应该从特色小镇的特点出发，制定多元的评判标准，结合市场能力、生产能力、创新能力、品牌认可度等指标对小镇的效益进行评估。通过激励手段及时改正资源配置过程中不利之处，并予以改进。长此以往良性循环，特色小镇对资源的把控能力一定会有大幅提升。

（四）本章小结

特色小镇是我国城镇化发展的重要实践，肩负着统筹城乡发展、带动产业成长的重要使命。现有的特色小镇发展模式过度依赖政策、资金和资源，不加甄别地引入各类产业，忽略了自身的专业性和特色性，同时供应链孤环的问题也制约了特色小镇产业链的延展和功能的集成。

本章针对当前特色小镇供应链上资源整合定位不明确、缺乏系统思考和创新思维的问题，对不同功能的特色小镇的供应链资源整合方式进行了不同的模式总结。对特色小镇的供应链资源进行有效和合理整合有利于推动特色小镇项目的优化组合、产业融合，加快推进特色小镇相关产业集聚、产业创新和产业升级，形成新的区域经济增长点；集聚人才、技术、资本等高端要素，实现小空间大集聚、小平台大产业、小载体大创新的新型发展模式。通过研究，为实现特色小镇的产业合理定位，用创新性思维和统筹的方式完成特色小镇的发展之路提供有价值的借鉴和参考。

十二、考虑非经济性目标的供应链资源优选决策

（一）本章引言

在SMC模式下，整合供应链资源要实现的首要目标是定制化需求水平与规模效应之间的平衡。但是在很多情境下，非经济性目标也是企业在整合资源时要考虑的重要因素。例如，国有企业在选择供应商资源时常常要将政策性因素考虑在内，保持政策性负担和经济性目标的平衡，对国企的可持续发

展而言意义重大。还有很多产业如煤炭、化工、运输等受环境政策影响很大,这些产业企业在整合供应链资源时,必须对环保、节能、减排等方面因素加大考核权重。

本章以某国有企业在供应链整合初始阶段对供应商的选择决策为例,将供应链成员在改善就业、养老和社会稳定等方面的作用作为国有企业承担政策性负担的重要影响因素,提出了一种以非经济性指标(政策性指标)和经济性指标为优化目标的供应商优选决策模型。该研究所提出的决策方法,在其他决策情境下也能得到很好的应用,更重要的是,以具体问题为分析对象,将一些非经济性目标综合考虑在内的决策思路,对于 SMC 模式下的供应链整合问题研究具有较大的启发意义。

(二)非经济性指标的量化处理方法

1. 非经济性指标的内涵

当前,在一般企业的供应商优选过程中,决策指标体系的构建主要包括两类,一类是经济性指标,另一类是非经济性指标。经济性指标体系的构建主要是出于经济效益的驱动,最大限度地满足客户的需求,大致包括质量、成本、交货期以及这些指标的综合评价等。非经济性指标体系的构建则需要根据企业本身特点、所处行业以及外部环境的不同而做出相应的调整。

政策性负担是国有企业最为突出的特点之一,与国家和人民的利益紧密相关,必须最大限度地完成。因此,在构建国有企业的供应商选择指标体系中的非经济性指标时,首先需要考虑的便是国有企业所承担的大量政策性负担。林毅夫(1998)等将国有企业承担的政策性负担分为两类,分别是战略性政策负担和社会性政策负担。其中战略性政策负担指的是在国家战略的影响下,投资不具备比较优势的产业或区域所形成的负担;社会性政策负担指的是企业承担过多的冗员和职工福利等社会性职能而形成的负担。这两类负担在国企的供应商选择过程中体现为使整条供应链与国家战略契合度最大化,承担的社会福利最大化这两种非经济性目标。需要注意的是,对这两种非经济性目标的承担在耗费国有企业资源的同时,也能在一定程度上给其发展带来便利。例如,国企在响应国家战略时,能够同时享受到诸如税收、政府补助、信贷优惠等各项政策的倾斜（廖冠民、沈红波，2014）；在承担社会福利时，能够优化与利益相关者的关系，树立良好的企业形象，有利于在竞争中赢得消费者的信赖。因此，无论是被动的接受行政命令，还是主动的公关策略选择，与国家战略契合度最大化和承担社会福利最大化这两类非经济性目标都是国有企业在其供应商优选过程中所应该考虑的重要决策标准。

2. 非经济性目标的可操作化处理

国有企业在供应商优选过程中需要考虑的非经济性目标有与国家战略契合度最大化和承担社会福利最大化两类。其中，国家战略主要从区域层面（或宏观层面）、产业层面和企业层面这三个维度对企业产生影响（武旭、周春雷，2011；马光秋，2011）。在对与国家战略契合度最大化这一目标进行优化时，可以从这三个维度来着手。在区域层面，考察供应商对于区域协同发展的影响以及对国家经济体系和经济主权等宏观问题的影响；在产业层面，考察供应商是否顺应产业结构的战略性调整与发展方向等；在企业层面，主要考察企业的技术、生产方式、经营制度等若干方面与国家战略所倡导的异同。在对承担社会福利最大化这一目标进行优化时，从两个维度来考虑，分别为供应商对企业内部承担的职工福利，和对企业外部承担的公众福利。职工福利如提供更多的就业岗位、为员工提供五险一金等，对外的公众福利如承担公共设施建设、热心公益事业等。对这些非经济性目标进行优化时，需要考虑这些目标下的各个维度，基于供应商个体在各个维度下的能力或适应性（以下简称能力）评价，对其做出选择。

对供应商在某一维度下的能力做出评价是一个典型的涉及多因素的综合评价问题，且这种评价还存在结论的模糊性。模糊综合评价方法能够较好地处理多因素、模糊性等问题。因此，可以采用模糊综合评价方法对供应商在某一维度下的能力进行评价。以承担社会福利最大化目标下的职工福利这一维度为例进行说明，供应商承担的职工福利可以通过如下设定和推导得出。

（1）确定供应商承担职工福利评价的因素论域

确定供应商承担职工福利评价的评价因素集为 $U=(u_1, u_2, \cdots, u_n)$，$i=1, 2, \cdots, n$，$u_i$ 表示被考虑评价的因素。在职工福利这一维度下，供应商能力的评价因素包括（但不限于）住房性福利、交通性福利、饮食性福利、教育培训性福利、医疗保健性福利、带薪节假日福利等。则 U=（住房性福利，交通性福利，饮食性福利，教育培训性福利，医疗保健性福利，带薪节假日福利），可以通过这几个方面对供应商承担的职工福利进行评价。

（2）确定各个评价因素之间的权重分配

在对供应商承担职工福利的评价过程中，各个评价因素的重要程度是不同的。比如住房性福利、教育培训性福利和医疗保健性福利相对于交通性福利、饮食性福利等方面而言可能更为重要，在评价过程中应该设定更大的权重。引入权重分配集 $A=(a_1, a_2, \cdots, a_n)$，其中 $a_i > 0$，且 $a_1+a_2+\cdots+a_n=1$。a_i 表示第 i 个因素的权重，反映了对各个因素重要性的一种权衡。

（3）确定评价的等级论域

设定评价的等级论域为 $V=(v_1, v_2, \cdots, v_m)$，$j=1, 2, \cdots m$，$v_j$ 表示评价标准。如 V=（非常好，较好，一般，较差，极差）。

（4）确定模糊关系矩阵

对每一个需要进行评判的供应商个体而言，评价因素和评价等级之间的关系（即从 U 到 V 的模糊关系）可以用模糊评判矩阵加以描述，用 R 表示。

$$R=(r_{ij})_{n\times m}=\begin{bmatrix} r_{11} & r_{12} & \cdots & r_{1m} \\ r_{21} & r_{22} & \cdots & r_{2m} \\ \cdots & \cdots & \cdots \\ r_{n1} & r_{n2} & \cdots & r_{nm} \end{bmatrix} \quad (12-1)$$

其中，$i=1, 2, \cdots, n$；$j=1, 2, \cdots, m$。r_{ij} 表示就影响因素 u_i 考虑，该供应商个体能够被评价为等级 v_j 的隶属度。这一评价可以由专家组成的评价小组完成。

（5）综合评判

由上述权重集 A 和模糊关系矩阵 R，利用模糊数学的模积合成矩阵计算出模糊评判向量。

$$B = A \times R = (a_1, a_2, \cdots, a_n) \times \begin{bmatrix} r_{11} & r_{12} & \cdots & r_{1m} \\ r_{21} & r_{22} & \cdots & r_{2m} \\ \cdots & \cdots & \cdots & \\ r_{n1} & r_{n2} & \cdots & r_{nm} \end{bmatrix} = (b_1, b_2, \cdots, b_m)$$

（12-2）

若只需要得出模糊性的结论，则可以根据隶属度最大原则来评价供应商承担职工福利的程度。如需要对该评价进行具体的量化，需引入评判集上的考核评分列向量 $C=(c_1, c_2, \cdots, c_m)^T$。例如，令评语"非常好"得5分，"较好"得4分，"一般"得3分，"较差"得2分，"极差"得1分，则评判集的考核评分列向量为 $C=(5,4,3,2,1)^T$。被评价的供应商个体所承担的职工福利的最终得分值为：

$$Q = B \times C = (b_1, b_2, \cdots, b_m) \times (c_1, c_2, \cdots, c_m)^T = \sum_{i=1}^{m} b_i \times c_i$$

（12-3）

同样，以此类推可以分别得到供应商个体在两类非经济目标下各个维度的得分值。以 $Q_{strategy}$ 表示供应商个体在与国家战略契合度最大化这一非经济性目标下的得分值，其中 $Q_{strategy-e}$ 代表供应商个体在该目标下企业层面的得分值，$Q_{strategy-i}$ 代表供应商个体在该目标下产业层面的得分值，$Q_{strategy-r}$ 代表供应商个体在该目标下区域层面的得分值。以 Q_{social} 表示供应商个体在承担社会福利最大化这一目标下的得分值，其中 $Q_{social-e}$ 代表供应商个体承担职工福利的得分值，$Q_{social-p}$ 代表供应商个体承担公众福利的得分值。需要注意的是，在评估供应商与国家战略的契合度时，由于在现实的复杂情境中，企业很难与国家战略保持着完全一致的关系。因此，将与国家战略契合度最大化这一优化目标转换成为与国家战略差异最小化更为合适。以 $Q^*_{strategy-e}$、$Q^*_{strategy-i}$、$Q^*_{strategy-r}$ 分别表示国企对供应商个体在企业层面、产业层面和区域层面与国家战略契合的期望值，则供应商在企业层面（表示为 D_e）、产业层面（表示为 D_i）和区域层面（表示为 D_r）与国家战略的差异可以表示为式（12-4）-（12-6），供应商与国家战略的总体差异（表示为 D）可以表示为式（12-7）。其中 λ、α、γ 为在与国家战略契合度的衡量过程中，企业层面、产业层面以及区域层面的权重，使供应商与国家战略的差异最小化，则能达到其与国家战略契合度最大化。供应商所承担的总体社会福利可以表示为式（12-8），其中φ表示职工福利这一维度的权重，τ表示公众福利这一维度的权重。

$$D_e = \sqrt{(Q_{straregy} - Q^*_{straregy-e})^2} \quad (12-4)$$

$$D_i = \sqrt{(Q_{straregy-i} - Q^*_{straregy-i})^2} \quad (12-5)$$

$$D_r = \sqrt{(Q_{straregy-r} - Q^*_{straregy-r})^2} \quad (12-6)$$

$$D = \lambda \times D_e + \alpha \times D_i + \gamma \times D_r \quad (12-7)$$

$$Q_{social} = \varphi \times Q_{social-e} + \tau \times Q_{social} - p \quad (12-8)$$

（三）模型、算法与算例分析

1. 构建决策优化模型

（1）模型参数和变量定义

- 设供应链可分为I个阶段，每个阶段索引为 i；每个阶段有J个供应商可供选择，每个供应商索引为j。

- 以Q_{ij}表示供应链i阶段的供应商j能够提供的产品的质量，Q_i^*表示企业对该阶段供应商所提供产品的质量期望。

- 以C_{ij}表示与供应链i阶段的供应商j进行合作的成本，C_i^*表示企业对该阶段供应商的合作成本期望。

- 以T_{ij}表示供应链i阶段的供应商j的交货时间，T_i^*表示企业对该阶段供应商要求的交货时间。

- 以D_{ij}表示供应链i阶段的供应商j与国家战略的总体差异。其中，$D_{e,ij}$表示在企业层面，该供应商与国家战略的差异；$D_{i,ij}$表示在产业层面，该供应商与国家战略的差异，；$D_{r,ij}$表示在区域层面，该供应商与国家战略的差异。这三项维度权重系数以λ、α、γ表示。以D^*表示国企对供应商与国家战略差异的总体期望。

- 考虑到模型参数表示的方便性与一致性，将供应链i阶段的供应商j所承担的总体社会福利由Q_{social}替换为S_{ij}。以$S_{e,ij}$表示该供应商所承担的职工福利；以$S_{p,ij}$表示该供应商所承担的公众福利。以S^*表示国企对供应商承担社会福利的总体期望。

决策变量：

$$\beta_{ij} = \begin{cases} 1, & \text{在i阶段选择供应商j进行合作} \\ 0, & \text{否则} \end{cases} \quad (12\text{-}9)$$

（2）建立数学优化模型

优化目标：

$$Z_1 = \max \sum_{i=1}^{I} \sum_{j=1}^{J} Q_{ij} \times \beta_{ij} \quad (12\text{-}10)$$

$$Z_2 = \min \sum_{i=1}^{I} \sum_{j=1}^{J} Q_{ij} \times \beta_{ij} \quad (12\text{-}11)$$

$$Z_3 = \min \sum_{i=1}^{I} (T_I^* - T_{ij}) \times \beta_{ij} \quad (12\text{-}12)$$

$$Z_4 = \min \sum_{i=1}^{I} \sum_{j=1}^{J} D_{ij} \times \beta_{ij} = \min \sum_{i=1}^{I} \sum_{j=1}^{J} (\lambda \times D_e + \alpha \times D_{i,ij} + \gamma \times D_{r,ij}) \times \beta_{ij} \quad (12\text{-}13)$$

$$Z_5 = \max \sum_{i=1}^{I} \sum_{j=1}^{J} S_{ij} \times \beta_{ij} = \sum_{i=1}^{I} \sum_{j=1}^{J} (\varphi \times S_{e,ij} + \tau \times S_{p,ij}) \times \beta_{ij} \quad (12\text{-}14)$$

$$Q_{ij} \times \beta_{ij} \geq Q_i^* \quad (12\text{-}15)$$

$$C_{ij} \times \beta_{ij} \leq C_i^* \quad (12\text{-}16)$$

$$T_{ij} \times \beta_{ij} \leq T_i^* \quad (12\text{-}17)$$

$$\sum_{i=1}^{I} \sum_{j=1}^{J} (\lambda \times D_{e,ij} + \beta \times D_{i,ij} + \gamma \times D_{r,ij}) \times \beta_{ij} \leq D^* \quad (12\text{-}18)$$

$$\sum_{i=1}^{I} \sum_{j=1}^{J} (\varphi \times S_{e,ij} + \tau \times S_{p,ij}) \times \beta_{ij} \geq S^* \quad (12\text{-}19)$$

$$\sum_{i=1}^{I} \beta_{ij} = 1 \quad (12\text{-}20)$$

模型中，式（12-10）—（12-14）为优化目标，以此代表经济性目标中的质量最优化、成本最低化和交货期差异最小化以及非经济性目标中的与国家战略契合度最大化和所承担社会福利最大化。式（12-15）—（12-20）为算法的约束条件。

2. 算法分析

采用线性加权法对模型的多目标盘进行处理，转换为式（12-21）所示

$$Z = -\delta \times Z_1 + \varepsilon \times Z_2 + \omega \times Z_3 + \theta \times Z_4 - \mu \times Z_5 \qquad (12\text{-}21)$$

其中，δ、ε、ω、θ、μ 分别为各个优化目标的权重系数，且 $\delta+\varepsilon+\omega+\theta+\mu=1$。在不同的情境下，企业可以根据具体情况对权重进行相应的调整。

在算法方面，选取遗传算法求解优化模型，算法具体构造如下。

（1）编码方式

采用二进制编码方式将决策变量 β_{ij} 矩阵编码为染色体代码串。如图 12-1 所示，染色体的长度为决策变量 β_{ij} 的个数，β_{ij} 取值为 0 和 1。当 $\beta_{ij}=1$ 时，国有企业在供应链阶段 i 选择供应商 j 进行合作。反之，当 $\beta_{ij}=0$ 时，国企在供应链阶段 i 不选择供应商 j 进行合作。

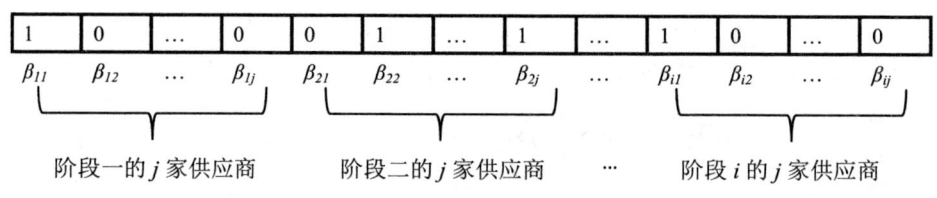

图 12-1　染色体编码方式

（2）选择算子

采用随机遍历抽样和精英保留相结合的策略来设计选择算子。随机遍历抽样法在选择遗传算子时采用随机等距的方式抽取个体，相较于常用的轮盘赌策略而言，个体被选中的概率更为均等，种群的多样性相对较为持久。但随机遍历抽样法的缺点是太过于随机，变化规律不明显，有可能导致最优个体丢失，同时也不一定能够修复最优个体在交叉和编译过程中遭到的破坏。因此，通过精英保留策略，将每一代的最优个体直接复制保存，重新插入到下一代群体。随机遍历抽样和精英保留结合的方式在增加种群多样性的同时

也保证了优秀个体的存续。

（3）交叉算子

采用两点交叉的方式对算子进行交叉操作。将相邻的两条染色体组成一组按照一定概率确定是否交叉，如果确定交叉，则在染色体串中随机设置两个交叉点，然后进行部分基因交换。

（4）变异算子

采用单点变异的方式对遗传算子进行变异操作。对每条染色体通过变异概率确定其是否变异，如果确定其进行变异，则通过系统生成随机数的方式确定变异的位置进行变异操作。

（5）停止准则

当计算达到最大迭代次数时，算法停止。

（6）算法流程

算法流程如下：第一步，生成初始种群；第二步，计算种群中每个个体的适应度值；第三步，采用精英保留策略对一定比例的适应度较高的精英个体进行复制，通过随机遍历抽样法选择遗传算子；第四步，对经过选择的遗传算子按照一定概率进行交叉操作；第五步，对经过交叉过后的遗传算子按照一定比例进行变异操作；第六步，用第三步精英保留策略保留下来的那部分染色体替代新一代个体中适应度最低的那部分染色体，以此形成新一代种群；第七步，检测算法停止准则，当迭代次数达到最大值时，算法停止，否则转到步骤3，继续进行算法。

3. 算例仿真

新疆某国企 A 在供应链各阶段有供应商若干家，其中有三个阶段需要各从五家供应商中进行筛选，每个阶段选择一家供应商与其合作。在对供应商进行选择时，首先需要明确各优化目标的权重。在"一带一路"倡议下，该国企 A 需要重点考虑与国家战略契合度最大化这一目标，因此需要对该目标赋予较高的权重，在供应商的优选过程中，要考虑供应商的地理位置、技术标准输出、产能对接等问题。同时，新疆地处偏远，少数民族聚集，为了改善当地人民的生活，促进民族团结，国家的社会福利政策大力地向该地区倾斜，该企业也因此需承担较为沉重的社会性政策负担。另外，经济性目标中的质量、成本和交货期也要予以一定的重视，以保证经济性目标与政策性负担的平衡发展。该公司对于供应链各阶段下各个优化目标的权重设定，以及各个优化目标下不同维度的权重设定如表 12-1 所示。

表 12-1 各目标及其属性挖掘权重表

	阶段	权重	优化目标	权重	维度	权重
经济目标	阶段一	0.4	质量	0.4		
	阶段二	0.6	成本	0.3		
	阶段三	0.3	交货期	0.3		
非经济目标	阶段一	0.6			企业层面	0.3
			与国家战略契合度最大化	0.6	产业层面	0.3
	阶段二	0.4			区域层面	0.4
					职工社会福利	0.4
	阶段三	0.7	社会福利最大化	0.4	公众社会福利	0.6

每阶段满足约束条件的五家供应商在各目标（维度）下的得分如表 12-2 所示，表中数据均经过标准化处理。V_{ij} 表示供应商，$i=1, 2, 3$，$j=1, 2, \cdots, 5$。

使用 MATLAB 软件编程，采用上述遗传算法对问题求解。经过多次反复试验，确定比较合适的参数是：种群规模取 70，交叉概率取 0.6，变异概率取 0.05，最大迭代次数取 50。达到最大迭代次数时算法停止，得到国有企业对供应商的最优选择方案如表 12-3 所示。即阶段一选择供应商 V_{11} 进行合作，阶段二选择供应商 V_{22} 进行合作，阶段三选择 V_{35} 进行合作。

备选供应商整体与国家战略的平均差异为 0.23，平均承担的社会福利为 0.79，平均产品质量为 0.76，平均成本为 0.75，平均的交货期差异为 0.17。采用最优的供应商选择方案时，选出的三家供应商与国家战略的平均差异收敛为 0.19，平均承担的社会福利收敛为 0.81，平均产品质量收敛为 0.77，平均成本收敛为 0.70，平均交货期差异收敛为 0.13。每次计算都能得到同样的结果，说明算法具有非常好的鲁棒性。结果显示，采用最优供应商选择方案时，各项指标都得到了优化。其中，由于企业对与国家战略差异最小化（即与国家战略契合度最大化）这一指标赋予了较大权重，这一指标的提升较大，其他各项指标的提升相对较小。总体而言，模型和求解算法能够较好地实现国有企业的政策性负担与经济性目标的平衡发展。图 12-2 为染色体种群的进化过程图，图 12-3 为各个优化目标的收敛趋势图。

表 12-2 各阶段下供应商经济性目标与非经济性目标得分表

阶段	供应商	经济性目标			非经济性目标					
					D_{ij}			S_{ij}		
		Q_{ij}	C_{ij}	$T_i^*-T_{ij}$	$D_{e,ij}$	$D_{i,ij}$	$D_{r,ij}$	$S_{e,ij}$	$S_{p,ij}$	
阶段一	V_{11}	0.8	0.7	0.1	0.1	0.1	0.2	0.8	0.9	
	V_{12}	0.8	0.7	0.2	0.3	0.4	0.1	0.9	0.8	
	V_{13}	0.7	0.8	0.1	0.1	0.2	0.1	0.9	0.7	
	V_{14}	0.8	0.7	0.1	0.2	0.3	0.2	0.9	0.9	
	V_{15}	0.9	0.8	0.3	0.3	0.2	0.1	0.8	0.9	
阶段二	V_{21}	0.7	0.8	0.2	0.2	0.4	0.2	0.6	0.7	
	V_{22}	0.8	0.6	0.2	0.2	0.3	0.3	0.7	0.8	
	V_{23}	0.9	0.9	0.1	0.2	0.3	0.4	0.8	0.6	
	V_{24}	0.8	0.7	0.2	0.2	0.3	0.2	0.8	0.9	
	V_{25}	0.6	0.7	0.3	0.1	0.2	0.1	0.8	0.8	
阶段三	V_{31}	0.8	0.9	0.1	0.3	0.4	0.2	0.7	0.8	
	V_{32}	0.6	0.7	0.1	0.2	0.1	0.3	0.8	0.8	
	V_{33}	0.7	0.8	0.2	0.1	0.2	0.4	0.9	0.6	
	V_{34}	0.8	0.7	0.3	0.2	0.4	0.2	0.8	0.7	
	V_{35}	0.7	0.8	0.1	0.1	0.2	0.2	0.8	0.8	

表 12-3 国企 A 的最优供应商选择方案

供应商	V_{11}	V_{12}	V_{13}	V_{14}	V_{15}	V_{21}	V_{22}	V_{23}	V_{24}	V_{25}	V_{31}	V_{32}	V_{33}	V_{34}	V_{35}
是否选择	1	0	0	0	0	0	1	0	0	0	0	0	0	0	1

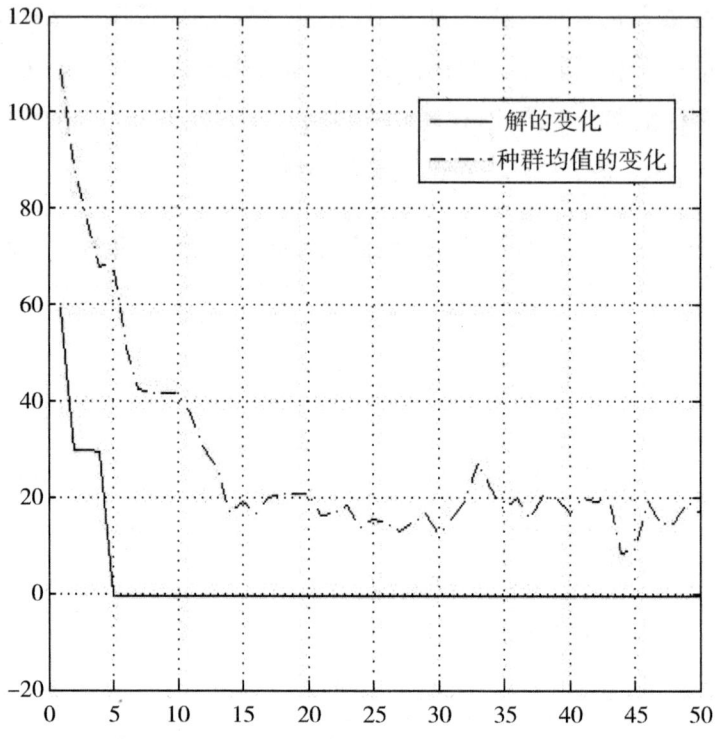

图 12-2　染色体种群的进化过程图

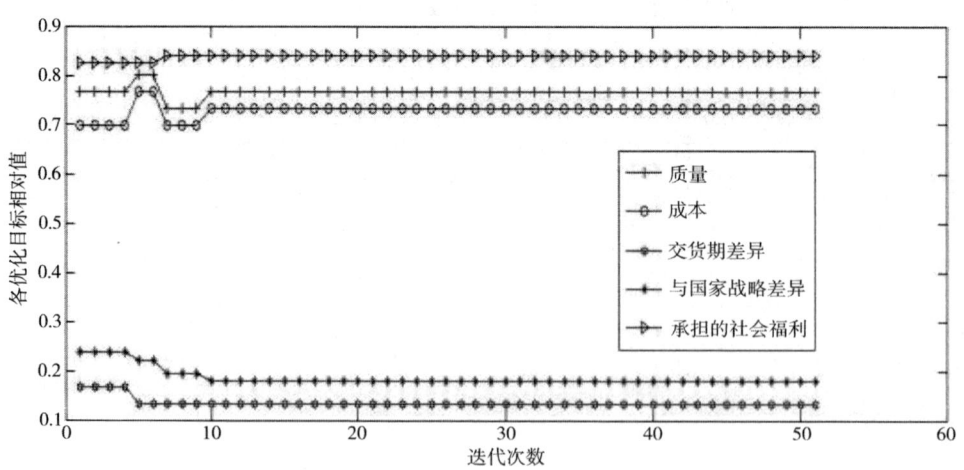

图 12-3　各优化目标的收敛趋势图

(四) 本章小结

作为我国经济的重要支柱，国有企业所承担的政策性负担及其经济效益对我国的经济发展而言意义重大。但国企对政策性负担的承担总是以经济效益的损失为代价，这一现状是许多国企一直以来亏损严重的重要原因之一。由于供应商的性质和能力能够对国有企业所承担的政策性负担及其经济效益产生重大影响，本章从供应商选择的角度切入，寻找国企政策性负担与经济性目标的帕累托最优状态。通过将国有企业所承担的一系列政策性负担转换为非经济性目标，构建了以经济性指标和非经济性指标为优化目标的供应商选择模型，并设计了求解算法。研究结果显示，模型和求解算法能够实现国有企业政策性负担和经济性目标的平衡发展，使国企在承担政策性负担的同时也能够提高其经济效益。

本章研究的意义在于：(1) 当前有关国有企业研究的主流是通过一系列制度改革提升国企绩效，本研究将政策性负担与经济效益这二者的平衡从国企的制度层面落实到运作层面，为国企研究提供了一种新的思路，丰富了国企领域的研究。(2) 在供应商选择的决策指标体系中，非经济性指标的构建往往需要针对具体情境做出相应改变，现有研究所构建的非经济指标体系无法适用于国有企业的供应商优选，本研究填补了这一理论空缺。(3) 本研究给出了对国企政策性负担这一目标进行优化的具体操作方法，并通过构建选择模型，使供应链选择的决策方法从理论层面应用到实践层面，对国有企业的日常经营运作具有一定的实践指导作用。(4) SMC 问题研究的一个重要现实问题是服务行业、服务企业所面临的决策环境的差异化问题，必须针对具体问题展开具体分析。本章所提出的以非经济性目标作为重要决策影响因素的研究思路，以及模型和算法的构建方法对 SMC 相关研究也具有很大的启示作用。

在后续的研究中，还可以对各优化目标之间的相关关系进行挖掘，在考虑相关关系的基础上对各目标进行优化；另外，在供应链整体调度过程中，国有企业各阶段供应商之间的动态、交互影响（例如各阶段所选择的供应商进行整合时的整合成本等）及其供需能力的匹配等问题，都会对供应链成员之间的协作造成影响，从而影响到国有企业的经济性目标与政策性负担，未来可以从这些方面入手进行更深入的研究。

第五部分

总结篇

十三、总结与展望

(一) 主要工作总结

本书在前期"大规模定制模式下的供应链运作（姚建明，2009）"等相关研究成果的基础上，将研究重点进一步聚焦到服务业和服务产品的大规模定制问题上，从供应链运作的视角提出了解决服务大规模定制（Service Mass Customization，SMC）模式下定制化服务水平与规模效应之间矛盾问题的若干思路与方法。全书内容分为五部分，分别是第一部分基础篇，第二部分 SMC 模式下的供应链运作问题之一——供应链资源调度问题，第三部分 SMC 模式下的供应链运作问题之二——供应链资源整合问题，第四部分应用篇——对具有 SMC 特征的若干服务行业与服务企业的供应链管理问题研究以及第五部分总结篇。具体来说，本书包含了以下章节和内容。

第一部分基础篇包括第一章内容，阐述了问题的研究背景、研究的必要性、重要意义与价值，国内外研究现状，以及本书的研究内容、目的、方法和框架等。

第二部分供应链调度问题包括第二、三、四、五等四个章节，是本书的重点研究工作。这篇内容从分析 SMC 模式不同于 MC 模式的运作特征出发，重点分析了服务的多阶段、差别规模效应，以及如何通过供应链调度来提升服务的规模效应，具体包括如下内容。

第二章分析了 SMC 模式下供应链调度问题的基本特征，包括服务定制的复杂性、服务定制订单的模糊划分方法、服务订单的规模效应分析，以及定制订单的规模效应关系分析等内容。这一章节的内容，揭示了 SMC 模式的关键问题：服务规模效应如何获取的解决思路。

第三章建立了 SMC 模式下供应链基础调度模型和求解算法。定制服务企业的供应链运作要面临很多不确定因素。本章首先假设供应链成员间信息共享，表现为协作成员知晓核心企业对服务时间的准时性要求，且自身的空余服务能力是确定的。基于第二章对 SMC 的多阶段、差别规模效应特征的分析，将多个阶段服务规模效应的最大化作为优化目标，进而建立了一个多目标的供应链调度优化模型，并根据服务定制的特殊性设计了改进的蚁群算法。

第四章和第五章在第三章内容的基础上，进一步研究了非对称信息下的供应链调度问题，以定制服务能力和定制服务需求不确定为假设条件，分别建立了供应链调度的模糊规模模型，并设计了相应的算法对模型进行求解。算例分析验证了模型与算法的有效性。

第三部分供应链整合问题包括第六、七、八、九等四个章节，也是本书的重点研究工作。这篇内容从供应链整合过程的角度分析了 SMC 模式下供应链整合包括的四个重要问题：供应链资源的评价与分级问题、供应链资源的获取路径问题、供应链资源的优选问题，以及供应链资源整合决策问题，具体如下。

第六章分析了企业在面向 SMC 模式转型时，应该从哪些角度来评价供应链资源的整合价值。资源整合价值评价是供应链资源整合的第一步工作。本章提出，企业应以战略层面因素为主导，将供应链商的战略一致性、资源互补性与运作协同性作为综合评价指标，并根据供应商在这三个维度的表现为其设置不同的整合级别。

第七章分析了供应链资源的获取路径。分析了企业获取优质资源的必要性，并以生鲜电商为问题背景，从网络嵌入的视角分析了电商企业如何对产地供应商资源进行直接整合以缩短产品供给时间、提升服务质量。

第八章提出了一种 SMC 模式下的供应链资源优选决策方法。在确立了供应链资源的整合价值评价指标后，要采取有效的方式对供应链资源进行筛选。本章以具有 SMC 典型特征的第四方物流服务（Fourth Party Logistics，4PL）企业为例，构建了引入灰色关联系数的改进 VIKOR 方法来解决 4PL 供应商的优选决策问题。

第九章以 SMC 模式下服务能力与服务需求的均衡分析为重点。以网络购物为问题背景，首先分析了网购个性化服务模式的属性特征，然后基于战略视角,将不同服务能力的特点引入资源整合主导因素的分析和挖掘过程,进而构建了以供需能力均衡为优化目标的整合决策模型,最后通过算例对模型与算法进行了检验。

与第二部分和第三部分的理论研究不同,第四部分属于应用篇,针对部分服务行业或企业的具体特征展开的供应链整合有关问题的探讨。例如,第十章研究了新零售背景下企业应该如何整合供应链资源的问题;第十一章研究了打造特色小镇时,应如何根据小镇的需求定位来整合资源,提升小镇的产业附加值与经济效益;第十二章提出了企业发展不能仅重视经济性目标,还要注重政策、社会、环保等非经济性目标,进而构建了以经济性目标和非经济性目标为优化主导因素的供应链资源优选决策方法。

本书融合了理论分析与决策建模方法,提炼出的 SMC 模式下供应链运作的若干核心问题,以及可行的问题分析框架与解决思路,是对 MC 理论、供应链运作理论、服务运营理论的有效补充。本书介绍的供应链调度决策模型(包括确定型模型与非确定型模型)、供应链整合决策模型(包括供应链资源整合价值评价与分级管理方法、供应链资源优选模型等),以及模型的求解方法(包括蚁群算法、遗传算法、模糊综合评价方法等),都具有较强的实践指导价值。

(二) 本书的创新性分析

第一,从研究的视角来看,本研究首先从服务大规模定制模式的特征入手,分析了 SMC 模式下供应链运作在优化目标、优化手段与优化过程的特殊性,然后对供应链运作涉及的两大问题:供应链调度问题与供应链整合问题,给出了解决方案。其中,供应链调度问题重点分析了服务的多阶段、差别规模效应特征,分析了定制服务能力与定制服务需求不确定性的来源,并采用模糊数学规划方法建立了优化模型,为企业制定更为稳健的供应链运作决策提供参考;供应链整合问题则分别对整合过程中涉及的几大问题如资源评价问题、资源获取问题、资源选择问题等提出了相应的决策工具与决策模型。本研究突出了 SMC 问题的特殊点与难点问题,为后续研究奠定了较好的理论基础。

第二,从问题切入的深入性来看,通过文献检索分析发现,尽管产品型

MC 研究经过 30 来年的发展已经初具规模，但是 SMC 的研究还比较少见，相较于现实中越来越多的定制服务实践是滞后的，使得定制服务企业面临的诸多管理问题还缺乏有效的理论指导。本研究深入分析了 SMC 的特征，认为定制服务企业的关键点在于获取规模效益，进而提出了通过有效的供应链资源调度与供应链资源整合来提高服务的规模效益，进而降低服务成本的问题解决思路。而针对这两个问题，又细分为若干子问题进行了深入的研究，并且基本上每项研究都有决策模型与算法的构建方法。不仅如此，由于服务业在产业特征、需求特征、资源特征等方面存在较大差异，对于面向 SMC 转型的服务企业而言，SMC 有模式而无定式，必须具体问题具体分析。因此，本书最后在理论研究的基础上，又对部分服务业 SMC 问题进行了具体研究，使得本书兼具理论性与实用性。

第三，从研究框架及方法的角度来看，本书涉及的供应链运作模式涵盖了运作层面的供应链调度问题与战略层面的供应链整合问题，在每个层面的决策优化模型构建与算法设计中都充分考虑了多目标优化的问题，使得研究问题更贴近于实际。多目标优化是复杂系统优化的基本特征之一，本书构建的优化模型以及多种求解算法对于处理多目标权衡的复杂决策问题具有良好的适用性。

（三）研究展望

鉴于 SMC 研究的前沿性及其所涵盖内容的复杂性，今后的研究中应针对如下几个方面的问题展开更加深入的分析。

首先，SMC 是一种变革。当前不论是制造业企业还是服务业企业，都处于从大量生产模式向大规模定制模式转型的过程中，只是在提供的产品或服务的定制化水平上存在高低之分。因此，SMC 的研究需要更多地采用动态的视角，对企业转型过程中存在的问题展开研究。例如，如何对现有的组织和供应链网络进行有效的转型，如何对已整合的资源根据环境与战略的变化进行逐步的更新，如何降低不确定因素对生产和服务过程的扰动，如何通过合理的外包决策来降低服务成本等。

其次，本书的研究提出了若干供应链调度与供应链整合的决策建模方法。

在后续研究中，应加大对供应链协调问题的研究。供应链协作成员的差异性的目标定位是企业供应链运作决策面临的最关键的不确定因素。有效协调供应商、核心企业、客户之间的关系，设计合理的协调机制与激励机制，对于降低 SMC 模式下供应链运作风险与运作成本，提升供应链绩效、增强客户体验有重要作用。

参考文献

[1] 安然. 真优惠还是假套路？生鲜电商行业规范亟待完善 [J]. 中国食品，2017（6）：102—105.

[2] 蔡政英，肖人彬，谭勇，龚凤美. 不确定条件下循环供应链模糊自适应生产计划调度 [J]. 控制与决策，2008，23（5）：525—529.

[3] 常桂娟，张纪会. 基于无等待约束的供应链在线调度问题 [J]. 复旦学报（自科版），2007，46（4）：510—516.

[4] 陈伟达，李剑. 基于供应链的协同生产调度研究 [J]. 东南大学学报（社科版），2005，7（2）：18—23.

[5] 程德通. 大规模定制：旅游业服务运作新模式 [J]. 哈尔滨学院学报，2011，32（11），29.

[6] 初艳巍. AHP—TOPSIS 法在第四方物流供应商选择中的应用 [J]. 电子商务. 2011，（1）：66—67.

[7] 代春艳，张希良，王恩创，等. 基于 VIKOR 多属性方法的可再生能源技术评价研究 [J]. 科学决策. 2012，（1）：65—77.

[8] 但斌，肖剑，刘晓红，张旭梅，李志威，汤华丽. 基于交货期窗口约束的多级供应链批量调度问题研究 [J]. 计算机集成制造系统，2007，13（2）：310—316.

[9] 丁日佳，孙晓阳. 基于信息熵—VIKOR 方法的企业财务稳健性评价研究 [J]. 会计之友. 2016，（18）：24—27.

[10] 董保宝，葛宝山，王侃. 资源整合过程、动态能力与竞争优势：机

理与路径[J].管理世界,2011,3:92—101.

[11] 董明,苏立悦.大规模定制下基于本体的产品服务系统配置[J].计算机集成制造系统,2011,17(3):653—661.

[12] 杜睿云,蒋侃.新零售:内涵、发展动因与关键问题[J].价格理论与实践,2017(2):139—141.

[13] 范群林,邵云飞,唐小我,等.结构嵌入性对集群企业创新绩效影响的实证研究[J].科学学研究,2010,28(12):1891—1900.

[14] 郭昱,吴清烈.基于云计算的大规模定制客户需求响应模型及其节点的选择与分布[J].系统工程理论与实践,2011,31(S2):1—6.

[15] 韩顺平.大规模定制在服务企业的应用策略研究[J].经济理论与经济管理,2006,(11):53—57.

[16] 侯亮,韩东辉,张翊.基于客户群、模块化及供应链分析的MC实施模式研究[J].厦门大学学报(自科版),2006,45(1):51—55.

[17] 简兆权,李雷,柳仪.服务供应链整合及其对服务创新影响研究述评与展望[J].外国经济与管理,2013,35(1):37—46.

[18] 蒋大奎,李波.基于禁忌搜索的平行机多工厂供应链调度[J].中国机械工程,2012,23(6):688—693.

[19] 金立印,邹德强,裘理瑾.服务定制情境下选项的战略呈现:呈现框架对消费者选择的影响[J].南开管理评论,2009,12(6):90—100.

[20] 来佳飞.特色小镇看"特色"[J].浙江经济.2015,(6):34—35.

[21] 黎继子,刘春玲.集群式供应链大规模定制化的计划管理模式[J].工业工程与管理,2007.(3):40—46.

[22] 李靖华.大规模定制化服务创新[M].北京:科学出版社,2009.

[23] 李昆鹏,马士华.ATO供应链中航空运输及并行机生产协调调度问题[J].系统工程理论与实践,2007,28(12):8—15.

[24] 李强.用改革创新精神推进特色小镇建设[J].今日浙江.2015,(13):8—10.

[25] 李锡良,李修身.基于遗传算法的大规模定制供应链调度优化研究[J].价值工程,2007,(11):55—58.

[26] 梁樑, 周俊, 罗彪. MC 模式下基于顾客需求的产品配置优化分析[J]. 管理科学学报, 2003, 6 (3): 52—56.

[27] 廖冠民, 沈红波. 国有企业的政策性负担: 动因、后果及治理[J]. 中国工业经济, 2014, (6): 96—108.

[28] 廖世龙, 易树平, 高庆萱. 面向大规模定制的动态单元装配系统设计与重构建模[J]. 中国机械工程, 2012, 23 (18): 2187—2193.

[29] 林毅夫, 蔡昉, 李周. 产权改革不能解决政企不分问题[J]. 经济研究参考, 1997, (35): 32—33.

[30] 刘民坤, 何华. 现代旅游业的界定与提升[J]. 管理世界, 2013, 8: 177—178.

[31] 刘雪锋. 网络嵌入性影响企业绩效的机制案例研究[J]. 管理世界, 2009 (s1): 3—12.

[32] 卢小丽, 付帼. 红色旅游质量、满意度与游客忠诚研究——以井冈山景区为例[J]. 管理评论, 2018, 30 (2): 1227—133.

[33] 罗建强, 韩玉启, 张银萍. 面向大规模定制的供应链延迟策略研究综述[J]. 物流技术, 2007, 26 (8): 152—156.

[34] 罗纳德·伯特. 结构洞: 竞争的社会结构[M]. 上海: 上海人民出版社, 2008.

[35] 马飞, 吴梦娜, 孙宝凤, 杨华. 大规模定制下的供应链调度建模与仿真[J]. 吉林大学学报(工学版), 2009, 39 (S2): 337—340.

[36] 马光秋. 经济增长方式转变与三个层面转型——转型期的中国宏观经济体系·产业升级·企业创新[J]. 成都理工大学学报(社会科学版), 2011, 19 (5): 14—18.

[37] 马士华, 周振坤, 林勇. 基于 BOM 的模块化服务平台设计研究[J]. 工业工程与管理, 2011, 16 (2): 5—11.

[38] 莫曙利. 基于 O2O 的大规模定制旅游服务价值链优化研究[D]. 长沙: 湖南大学, 2016: 17—18.

[39] 彭涛. 从科技园到特色小镇的发展与实践——以萧山信息港小镇和乌镇互联网小镇为案例[J]. 中国房地产, 2016, (35): 44—47.

[40] 祁国宁, 顾新建, 谭建荣等. 大批量定制技术及其应用[M]. 北京: 机械工业出版社, 2003.

[41] 邵晓峰, 季建华. 大规模定制环境下定制产品与标准产品的定价与库存协调研究[J]. 中国管理科学, 2009, 17(6): 109—115.

[42] 施晟, 卫龙宝, 伍骏骞. "农超对接"进程中农产品供应链的合作绩效与剩余分配——基于"农户+合作社+超市"模式的分析[J]. 中国农村观察, 2012(04): 14—28.

[43] 宋为, 陈安华. 浅析浙江省特色小镇支撑体系[J]. 小城镇建设, 2016, (3): 38—41.

[44] 苏生, 于海杰, 吴正华, 姚远哲, 张良. 分销供应链协商调度多目标合作协同演化算法[J]. 软件学报, 2013, 24(6): 1165—1176.

[45] 孙靖, 林杰. 信息不完全共享下MC供应链动态调度模型研究[J]. 系统仿真学报, 2007, 19(9): 1943—1953.

[46] 孙永波, 王道平. 我国第四方物流运作模式及其发展趋势研究[J]. 北京工商大学学报: 社会科学版, 2007, (6): 85—90.

[47] 陶颜, 魏江. 服务模块化研究脉络、基准与展望——基于国外文献的分析[J]. 外国经济与管理, 2015, 37(1): 43—51.

[48] 涂建军. 第四方物流供应商评价与选择研究[D]. 武汉: 武汉理工大学, 2006.

[49] 汪旭晖. 面向大规模定制的供应链管理: 基于"戴尔"的案例分析[J]. 经济与管理, 2007, 21(7): 42—46.

[50] 王海军, 马士华, 赵勇. 大量定制环境下基于延迟策略的多级供应控制模型研究[J]. 管理工程学报, 2005, 19(1): 6—9.

[51] 王华, 张阳, 戴薇. 社会网络嵌入性视角的产业集群竞争优势探析[J]. 科技进步与对策, 2006, 23(1): 77—79.

[52] 王建华, 李南, 郭慧. 基于时间槽的敏捷供应链集成调度模型及优化[J]. 系统工程理论与实践, 2011, 31(2): 283—290.

[53] 王玉. 大规模定制中客户订单解耦点定位的专家系统[J]. 计算机集成制造系统, 2011, 17(5): 924—934.

［54］魏江，赵江琦，邓爽. 基于模块化架构的金融服务创新模式研究［J］. 科学学研究，2009，27（11）：1920—1929.

［55］武旭，周春雷. 浅谈长三角地区产业结构升级［J］. 经济视角，2011，（18）：54—55.

［56］徐扬，步一，颜杨洋. 基于大规模个性化定制模式的旅游企业管理研究［J］. 旅游经济，2016，（1），150.

［57］徐印州，林梨奎. 新零售的产生与演进［J］. 商业经济研究，2017（15）：5—8.

［58］许冠南，周源，刘雪锋. 关系嵌入性对技术创新绩效作用机制案例研究［J］. 科学学研究，2011，29（11）：1728—1735.

［59］杨树，黄国全，梁樑. 基于竞标的供应链分布式项目调度方法［J］. 管理工程学报，2008，22（2）：41—45.

［60］杨水利，周孙福，李韬奋. 基于CODP的大规模定制生产成本测算研究［J］. 预测，2010，29（6）：62—66.

［61］姚建明，周国华. 大规模定制模式下的供应链计划调度优化分析［J］. 管理科学学报，2003，6（5）：58—64.

［62］姚建明，刘丽文，蒲云，张秀敏. MC模式下供应链动态调度的蚁群寻优分析［J］. 管理科学学报，2007，10（3）：7—14.

［63］姚建明，张秀敏，刘丽文. 4PL模式下的供应链资源整合决策机制研究［J］. 科学学与科学技术管理，2007，（3）：19—24.

［64］姚建明，刘丽文. 4PL模式下供应链资源整合决策优化模型及算法分析［J］. 系统工程理论与实践，2008，28（5）：20—28.

［65］姚建明. 大规模定制模式下的供应链调度理论与方法［M］. 北京：中国物资出版社，2009.

［66］姚建明. 引入风险机制的4PL模式下供应链资源整合优化［J］. 管理学报，2011a，8（8）：1221—1229.

［67］姚建明. 4PL模式下供应链资源整合的收益与风险决策分析［J］. 系统管理学报，2011b，20（2）：180—187.

［68］姚建明. 第四方物流整合供应链资源研究［M］. 北京：中国人民大

学出版社，2013.

[69] 姚建明. 基于成员目标定位的大规模定制模式下供应链运作 [M]. 北京：中国物资出版社，2014.

[70] 姚建明. 战略供应链管理 [M]. 北京：中国人民大学出版社，2014.

[71] 姚建明. 服务大规模定制模式下的供应链调度优化 [J]. 运筹与管理，2015a，24（01）：10—18.

[72] 姚建明. 基于多阶段差别规模效应的 SMC 供应链调度优化 [J]. 管理学报，2015b，12（01）：126—133.

[73] 应洪斌. 产业集群中关系嵌入性对企业创新绩效的影响机制研究：基于关系内容的视角 [D]. 浙江大学，2010.

[74] 喻小航. 旅游业与服务业的分界 [J]. 西南师范大学学报，2003，29（3）：98—100.

[75] 战勇. 旅游企业大规模定制化服务运行机制与策略探讨 [J]. 金融经济，2012，（8）：26—28.

[76] 张俊山，黄乔枝. 生鲜电商市场下的冷链物流探析 [J]. 物流技术：装备版，2015，34（6）：30—31.

[77] 张敏，程文明，张则强，郭鹏. 面向大规模定制的供应链延迟策略模型 [J]. 西南交通大学学报，2011，46（6）：1055—1059.

[78] 张鹏，林杰，魏云霞. 基于异类多种群蚁群算法的 MC 供应链分布式调度研究 [J]. 计算机应用，2010，30（9）：2279—2300.

[79] 张夏恒. 生鲜电商物流现状、问题与发展趋势 [J]. 贵州农业科学，2014，（11）：275—278.

[80] 张晓丹. 旅游产业供应链资源整合的问题与对策 [J]. 商业经济研究，2015，（36）：129—130.

[81] 张滢. 第四方物流供应商选择的 AHP—GRAP 组合分析模型 [J]. 当代财经，2009，（2）：71—75.

[82] 赵黎明，郑江波. 大规模定制模式下供应链的研究 [J]. 科学学与科学技术管理，2003，（8）：119—122.

[83] 赵树梅，徐晓红. "新零售"的含义、模式及发展路径 [J]. 中国

流通经济，2017，31（5）：12—20.

［84］赵艳. 基于直采的"农超对接"流通模式分析［J］. 现代商贸工业，2011，23（15）：113—114.

［85］周晓东，邹国胜，谢洁飞，张双杰. 大规模定制研究综述［J］. 计算机集成制造系统，2003，9（12）：1045—1056.

［86］朱道立，胡一竑，徐最. 网购供应链中的竞争和协调若干问题研究［J］. 上海理工大学学报，2011，33（3）：248—252.

［87］Aggarwal A, Chan F T S, Tiwari M K. Development of a module based service family design for mass customization of airline sector using the coalition game［J］. Computers & Industrial Engineering，2013，66（4）：827—833.

［88］Aigbedo H. A note on parts inventory and mass customization for a two-stage JIT supply chain with zero-one type of bills of materials［J］. Journal of the Operational Research Society，2009，60（9）：1286—1291.

［89］Aigbedo H. An assessment of the effect of mass customization on suppliers' inventory levels in a JIT supply chain［J］. European Journal of Operational Research，2007，181（2）：704—715.

［90］Averbakh I, Baysan M. Approximation algorithm for the on-line multi-customer two-level supply chain scheduling problem［J］. Operations Research Letters，2013，41（6）：710—714.

［91］Baltacioglu T, Ada E, Kaplan M D, Yurt O, Kaplan Y C. A New Framework for Service Supply Chains［J］. The Service Industries Journal，2007，27（2）：105—124.

［92］Barney J B. Firm Resources and Sustained Competitive Advantage［J］. Journal of Management，1991，17：99—120.

［93］Bhatnagar R, Mehta P, Chong Teo C. Coordination of planning and scheduling decisions in global supply chains with dual supply modes［J］. International Journal of Production Economics，2011，131（2）：473—482.

［94］Bilgen B, Çelebi Y. Integrated production scheduling and distribution planning in dairy supply chain by hybrid modelling[J]. Annals of Operations Research,

2013, 2013, 211 (1): 55—82.

[95] Boyer K K, Hult G T. Extending the Supply Chain: Integrating Operations and Marketing in the Online Grocery Industry [J]. Journal of Operations Management, 2005, 23 (6): 642—661.

[96] Cakici E, Mason S J, Kurz M E. Multi—objective analysis of an integrated supply chain scheduling problem [J]. International Journal of Production Research, 2012, 50 (10): 2624—2638.

[97] ?elik H. Influence of Social Norms, Perceived Playfulness and Online Shopping Anxiety on Customers' Adoption of Online Retail Shopping [J]. International Journal of Retail & Distribution Management, 2011, 39 (6): 390—413.

[98] Chang Y C, Chang K H, Chang T K. Applied column generation—based approach to solve supply chain scheduling problems [J]. International Journal of Production Research, 2013, 51 (13): 4070—4086.

[99] Chen Z L, Hall N G. Supply Chain Scheduling: Conflict and Cooperation in Assembly Systems [J]. Operations Research, 2007, 55(6): 1072—1089.

[100] Dawande M, Geismar H N, Hall N G, Sriskandarajah C. Supply Chain Scheduling: Distribution Systems [J]. Production & Operations Management, 2006, 15 (2): 243—261.

[101] Dellaert B G C, Dabholkar P A. Increasing the Attractiveness of Mass Customization: The Role of Complementary On—line Services and Range of Options [J]. International Journal of Electronic Commerce, 2009, 13 (3): 43—70.

[102] Demirli K, Yimer A D. Fuzzy scheduling of a build—to—order supply chain [J]. International Journal of Production Research, 2008, 46 (14): 3931—3958.

[103] Droge C, Vickery S K, Jacobs M A. Does supply chain integration mediate the relationships between product/process strategy and service performance? An empirical study [J]. International Journal of Production Economics, 2012, 137 (2): 250—262.

[104] Dussauge P, Garrette B, Mitchell W. Learning from Competing Partners: Outcomes and Durations of Scale and Link Alliances in Europe, North America and Asia [J].Strategic Management Journal, 2000, 21: 99—126.

[105] Elimam A A, Dodin B. Project scheduling in optimizing integrated supply chain operations [J]. European Journal of Operational Research, 2013, 224 (3): 530—541.

[106] Fogliatto F S, da Silveira G J C, Borenstein D. The mass customization decade: An updated review of the literature [J]. International Journal of Production Economics, 2012, 138 (1): 14—25.

[107] Franke N, Schreier M, Kaiser U. The "I Designed It Myself" Effect in Mass Customization [J]. Management Science, 2010, 56 (1), 125—140.

[108] Ghiassi, M.; Spera, C. Defining the Internet—based supply chain system for mass customized markets [J]. Computers & Industrial Engineering, 2003, 45 (1): 17—41.

[109] Granovetter M. Economic Action and Social Structure: The Problem of Embeddedness [J]. American Journal of Sociology, 1985, 91 (3): 481—510.

[110] Granovetter M. Economic Institutions as Social Constructions: A Framework for Analysis [J]. Acta Sociologica, 1992, 35 (1): 3—11.

[111] Hall N G, Liu Z X.Capacity Allocation and Scheduling in Supply Chains [J]. Operations Research, 2010, 58 (6): 1711—1725.

[112] Hoogeweegen M R, Teunissen W J M, Vervest P H M, Wagenaar R W. Modular network design: Using information and communication technology to allocate production tasks in a virtual organizational [J]. Decision Sciences, 1999, 30 (4), 1073—1103.

[113] Huang X, Kristal M M, Schroeder R G. Linking learning and effective process implementation to mass customization capabilities [J]. Journal of Operations Management, 2008, 26 (6): 714—729.

[114] Hung W Y, Samsatli N J, Shah N. Object—oriented dynamic supply—chain modelling incorporated with production scheduling [J]. European Journal of

Operational Research, 2006, 169 (3): 1064—1076.

[115] Ivanov D, Sokolov B. Dynamic co-ordinated scheduling in the supply chain under a process modernisation [J]. International Journal of Production Research, 2013, 51 (9): 2680—2697.

[116] Jain V, Wadhwa S, Deshmukh S G. Select supplier-related issues in modelling a dynamic supply chain: potential, challenges and direction for future research [J]. International Journal of Production Research, 2009, 47 (11), 3013—3039.

[117] Jiao J, Ma Q, Tseng M M. Towards high value-added products and services: mass customization and beyond [J]. Technovation, 2003, 23 (10): 809—831.

[118] Kelly D, Amburgey T L. Organizational inertia and momentum: A dynamic model of strategic change [J]. Academy of Management Journal, 1991, 34 (3), 591—612.

[119] Kumar A, Piller F, Illiams H J. Mass Customization: Shattering Strategic Myths, Assumptions [J]. Grand Rapids Business Journal, 2006, 24 (33): 24—25.

[120] Lai F J, Zhang M, Lee D M S, Zhao X D. The Impact of Supply Chain Integration on Mass Customization Capability: An Extended Resource-Based View [J]. IEEE Transactions on Engineering Management, 2012, 59 (3): 443—456.

[121] Lee H L, So K C, Tang C S. The value of information sharing in a two-level supply chain .Management Science, 2000, 46 (1): 626—643.

[122] Lee Y H, Jung J W, Lee K M. Vehicle routing scheduling for cross-docking in the supply chain [J]. Computers & Industrial Engineering, 2006, 51 (2): 247—256.

[123] Leiper N. The framework of tourism [J]. Annals of Tourism Research, 1979, 6 (4): 390—407.

[124] Li J, Edwin T C, Wang S Y. Analysis of postponement strategy for perishable items by EOQ-based models [J]. International Journal of Production

Economics, 2007, 107 (1): 31—38.

[125] Liou J J H, Yen L, Tzeng G H. Using decision rules to achieve mass customization of airline services [J]. European Journal of Operational Research, 2010, 205 (3): 680—686.

[126] Liu B, Iwamura K. Chance Constrained programming with fuzzy parameters [J]. Fuzzy Sets and Systems, 1998, 94 (2): 227—237.

[127] Liu G J, Deitz G D. Linking Supply Chain Management with Mass Customization Capability [J]. International Journal of Physical Distribution & Logistics Management, 2011, 41 (7): 668—683.

[128] Manoj U V, Gupta J N D, Gupta S K, Sriskandarajah C. Supply chain scheduling: Just—in—time environment [J]. Annals of Operations Research, 2008, 161 (1): 53—86.

[129] Meyer, M H; DeTore, A. Perspective: creating a platform based approach for developing new services [J]. The Journal of Product Innovation Management, 2001, 18 (3), 188—204.

[130] Mikkola J H, Skjtt—Larsen T. Supply—chain integration: Implications for mass customization, modularization and postponement strategies [J]. Production Planning and Control, 2004, 15 (4): 352—361.

[131] Moon, S K; Shu, J; Simpson, T W; Kumara, S R T. A module—based service model for mass customization: service family design [J]. IIE Transactions, 2011, 43 (3): 153—163.

[132] Naso D, Surico M, Turchiano B, Kaymak U. Genetic algorithms for supply—chain scheduling: A case study in the distribution of ready—mixed concrete [J]. European Journal of Operational Research, 2007, 177 (3): 2069—2099.

[133] Nie W, Kellogg D L. How professors of operations management view service operations? [J]. Production and Operations Management, 1999, 8 (3): 339—355.

[134] Peng D X, Liu G, Heim G R. Impacts of information technology on mass customization capability of manufacturing plants [J]. International Journal of

Operations & Production Management, 2011, 31 (10): 1022—1047.

[135] Pine II, B J. *Mass customization: the new frontier in business competition*[M], Harvard Business School Press, Boston.1993.

[136] Roels G.Optimal Design of Coproductive Services: Interaction and Work Allocation [J]. Manufacturing & Service Operations Management, 2014, 16 (4): 578—594.

[137] Rungtusanatham M J, Salvador F. From Mass Production to Mass Customization: Hindrance Factors, Structural Inertia, and Transition Hazard [J]. Production & Operations Management, 2008, 17 (3): 385—396.

[138] Salvador F, Rungtusanatham M, Forza C. Supply—chain configurations for mass customization [J]. Production Planning & Control, 2004, 15 (4): 381—397.

[139] Selvarajah E, Steiner G. Approximation Algorithms for the Supplier's Supply Chain Scheduling Problem to Minimize Delivery and Inventory Holding Costs [J]. Operations Research, 2009, 57 (2): 426—438.

[140] Selvarajah E, Zhang R. Supply chain scheduling at the manufacturer to minimize inventory holding and delivery costs [J]. International Journal of Production Economics, 2014, 147 (Part A): 117—124.

[141] Shao X F, Ji J H. Evaluation of postponement strategies in mass customization with service guarantees [J]. International Journal of Production Research, 2008, 46 (1): 153—171.

[142] Silveira G D, Borenstein D, Fogliatto F S. Mass customization: Literature review and research directions [J], International Journal of Production Economics, 2001, 72 (6): 1—13.

[143] Tang L, Jing K, He J. An improved ant colony optimisation algorithm for three—tier supply chain scheduling based on networked manufacturing [J]. International Journal of Production Research, 2013, 51 (13): 3945—3962.

[144] Thomas A, Singh G, Krishnamoorthy M, Venkateswaran J. Distributed optimisation method for multi—resource constrained scheduling in coal supply chains

[J]. International Journal of Production Research, 2013, 51(9): 2740—2759.

[145] Uzzi B. Social Structure and Competition in Interfirm Networks: The Paradox of Embeddedness [J]. Administrative Science Quarterly, 1997, 42(1): 35—67.

[146] Vargo S L, Lusch R F. From goods to service (s): divergences and convergences of logics [J]. Industrial Marketing Management, 2008, 37(3): 254—259.

[147] Wang H. Defects tracking in mass customisation production using defects tracking matrix combined with principal component analysis [J]. International Journal of Production Research, 2013, 51(6): 1852—1868.

[148] White S W, Badinelli R D. A model for efficiency—based resource integration in services [J]. European Journal of Operational Research, 2012, 217(2): 439—447.

[149] Yao J M, Liu L W. Optimization analysis of supply chain scheduling in mass customization [J]. International Journal of Production Economics, 2009, 117(1): 197—211.

[150] Yao J M. Decision Optimization Analysis on Supply Chain Resources Integration in the Fourth Party Logistics [J]. Journal of Manufacturing Systems, 2010, 29(4): 121—129.

[151] Yao J M. Scheduling optimization of cooperator selection and task allocation in mass customization supply chain based on collaborative benefits and risks [J]. International Journal of Production Research, 2013, 51(8): 2219—2239.

[152] Yao J M. Supply chain scheduling optimization in mass customization based on dynamic profit preference and application case study [J]. Production Planning & Control, 2011, 22(7): 690—707.

[153] Yao J, Deng Z. Scheduling optimization in the mass customization of global producer services [J]. IEEE Transactions on Engineering Management, 2015, 62(4), 1—13.

[154] Yeung W K, Choi T M, Cheng T C E. Supply chain scheduling and coordination with dual delivery modes and inventory storage cost [J]. International Journal of Production Economics, 2011, 132 (2): 223—229.

[155] Zadeh L A. Fuzzy sets as a basis for a theory of possibility [J]. Fuzzy Sets and Systems, 1978, (1): 3—28.

[156] Zadeh L A. Fuzzy sets [J]. Information and Control, 1965, (8): 338—353.

[157] Zarandi M H F, Avazbeigi M. A multi—agent solution for reduction of bullwhip effect in fuzzy supply chains [J]. Journal of Intelligent & Fuzzy Systems, 2012, 23 (5): 259—268.

[158] Zhou R, Nee Y C, Lee H P. Performance of an ant colony optimization algorithm in dynamic job shop scheduling problems [J]. International Journal of Production Research, 2009, 47 (11): 2903—2920.